U0509813

海上絲綢之路基本文獻叢書

東西洋考（上）

〔明〕張燮 撰

文物出版社

圖書在版編目（CIP）數據

東西洋考．上 /（明）張燮撰．-- 北京 ：文物出版社，2023.3
（海上絲綢之路基本文獻叢書）
ISBN 978-7-5010-7949-0

Ⅰ．①東… Ⅱ．①張… Ⅲ．①中外關系－國際關系史－史料－明代 Ⅳ．① D829

中國國家版本館 CIP 數據核字（2023）第 026465 號

海上絲綢之路基本文獻叢書

東西洋考（上）

撰　　者：〔明〕張燮
策　　劃：盛世博閱（北京）文化有限責任公司

封面設計：鞏榮彪
責任編輯：劉永海
責任印製：張道奇

出版發行：文物出版社
社　　址：北京市東城區東直門内北小街 2 號樓
郵　　編：100007
網　　址：http://www.wenwu.com
經　　銷：新華書店
印　　刷：河北賽文印刷有限公司
開　　本：787mm×1092mm　1/16
印　　張：13.25
版　　次：2023 年 3 月第 1 版
印　　次：2023 年 3 月第 1 次印刷
書　　號：ISBN 978-7-5010-7949-0
定　　價：96.00 圓

總緒

海上絲綢之路，一般意義上是指從秦漢至鴉片戰争前中國與世界進行政治、經濟、文化交流的海上通道，主要分爲經由黄海、東海的海路最終抵達日本列島及朝鮮半島的東海航綫和以徐聞、合浦、廣州、泉州爲起點通往東南亞及印度洋地區的南海航綫。

在中國古代文獻中，最早、最詳細記載『海上絲綢之路』航綫的是東漢班固的《漢書·地理志》，詳細記載了西漢黄門譯長率領應募者入海『齎黄金雜繒而往』之事，書中所出現的地理記載與東南亞地區相關，并與實際的地理狀況基本相符。

東漢後，中國進入魏晋南北朝長達三百多年的分裂割據時期，絲路上的交往也走向低谷。這一時期的絲路交往，以法顯的西行最爲著名。法顯作爲從陸路西行到印度，再由海路回國的第一人，根據親身經歷所寫的《佛國記》（又稱《法顯傳》）一書，詳細介紹了古代中亞和印度、巴基斯坦、斯里蘭卡等地的歷史及風土人情，是瞭解和研究海陸絲綢之路的珍貴歷史資料。

隨着隋唐的統一，中國經濟重心的南移，中國與西方交通以海路爲主，海上絲綢之路進入大發展時期。廣州成爲唐朝最大的海外貿易中心，朝廷設立市舶司，專門管理海外貿易。唐代著名的地理學家賈耽（七三〇～八〇五年）的《皇華四達記》記載了從廣州通往阿拉伯地區的海上交通『廣州通海夷道』，詳述了從廣州港出發，經越南、馬來半島、蘇門答臘島至印度、錫蘭，直至波斯灣沿岸各國的航綫及沿途地區的方位、名稱、島礁、山川、民俗等。譯經大師義浄西行求法，將沿途見聞寫成著作《大唐西域求法高僧傳》，詳細記載了海上絲綢之路的發展變化，是我們瞭解絲綢之路不可多得的第一手資料。

宋代的造船技術和航海技術顯著提高，指南針廣泛應用於航海，中國商船的遠航能力大大提升。北宋徐兢的《宣和奉使高麗圖經》詳細記述了船舶製造、海洋地理和往來航綫，是研究宋代海外交通史、中朝友好關係史、中朝經濟文化交流史的重要文獻。南宋趙汝适《諸蕃志》記載，南海有五十三個國家和地區與南宋通商貿易，形成了通往日本、高麗、東南亞、印度、波斯、阿拉伯等地的『海上絲綢之路』。宋代爲了加强商貿往來，於北宋神宗元豐三年（一〇八〇年）頒布了中國歷史上第一部海洋貿易管理條例《廣州市舶條法》，并稱爲宋代貿易管理的制度範本。

元朝在經濟上採用重商主義政策，鼓勵海外貿易，中國與世界的聯繫與交往非常頻繁，其中馬可·波羅、伊本·白圖泰等旅行家來到中國，留下了大量的旅行記，記録元代海上絲綢之路的盛况。元代的汪大淵兩次出海，撰寫出《島夷志略》一書，記録了二百多個國名和地名，其中不少首次見於中國著録，涉及的地理範圍東至菲律賓群島，西至非洲。這些都反映了元朝時中西經濟文化交流的豐富内容。

明、清政府先後多次實施海禁政策，海上絲綢之路的貿易逐漸衰落。但是從明永樂三年至明宣德八年的二十八年裏，鄭和率船隊七下西洋，先後到達的國家多達三十多個，在進行經貿交流的同時，也極大地促進了中外文化的交流，這些都詳見於《西洋蕃國志》《星槎勝覽》《瀛涯勝覽》等典籍中。

關於海上絲綢之路的文獻記述，除上述官員、學者、求法或傳教高僧以及旅行者的著作外，自《漢書》之後，歷代正史大都列有《地理志》《四夷傳》《西域傳》《外國傳》《蠻夷傳》《屬國傳》等篇章，加上唐宋以來衆多的典制類文獻、地方史志文獻，集中反映了歷代王朝對於周邊部族、政權以及西方世界的認識，都是關於海上絲綢之路的原始史料性文獻。

海上絲綢之路概念的形成，經歷了一個演變的過程。十九世紀七十年代德國地理學家費迪南·馮·李希霍芬（Ferdinad Von Richthofen，一八三三～一九〇五），在其《中國：親身旅行和研究成果》第三卷中首次把輸出中國絲綢的東西陸路稱爲『絲綢之路』。有『歐洲漢學泰斗』之稱的法國漢學家沙畹（Édouard Chavannes，一八六五～一九一八），在其一九〇三年著作的《西突厥史料》中提出『絲路有海陸兩道』，蘊涵了海上絲綢之路最初提法。迄今發現最早正式提出『海上絲綢之路』一詞的是日本考古學家三杉隆敏，他在一九六七年出版《中國瓷器之旅：探索海上的絲綢之路》中首次使用『海上絲綢之路』一詞；一九七九年三杉隆敏又出版了《海上絲綢之路》一書，其立意和出發點局限在東西方之間的陶瓷貿易與交流史。

二十世紀八十年代以來，在海外交通史研究中，『海上絲綢之路』一詞逐漸成爲中外學術界廣泛接受的概念。根據姚楠等人研究，饒宗頤先生是中國學者中最早提出『海上絲綢之路』的人，他的《海道之絲路與昆侖舶》正式提出『海上絲路』的稱謂。選堂先生評價海上絲綢之路是外交、貿易和文化交流作用的通道。此後，學者馮蔚然在一九七八年編寫的《航運史話》中，也使用了『海上絲綢之路』一詞，此書更多地限於航海活動領域的考察。一九八〇年北京大學陳炎教授提出『海上絲綢之路』研究，并於一九八一年發表《略論海上絲綢之路》一文。他對海上絲綢之路的理解超越以往，且帶有濃厚的愛國主義思想。陳炎教授之後，從事研究海上絲綢之路的學者越來越多，尤其沿海港口城市向聯合國申請海上絲綢之路非物質文化遺産活動，將海上絲綢之路研究推向新高潮。另外，國家把建設『絲綢之路經濟帶』和『二十一世紀海上絲綢之路』作爲對外發展方針，將這一學術課題提升爲國家願景的高度，使海上絲綢之路形成超越學術進入政經層面的熱潮。

與海上絲綢之路學的萬千氣象相對應，海上絲綢之路文獻的整理工作仍顯滯後，遠遠跟不上突飛猛進的研究進展。二〇一八年厦門大學、中山大學等單位聯合發起『海上絲綢之路文獻集成』專案，尚在醞釀當中。我們不揣淺陋，深入調查，廣泛搜集，將有關海上絲綢之路的原始史料文獻和研究文獻，分爲風俗物産、雜史筆記、海防海事、典章檔案等六個類别，彙編成《海上絲綢之路歷史文化叢書》，於二〇二〇年影印出版。此輯面市以來，深受各大圖書館及相關研究者好評。爲讓更多的讀者親近古籍文獻，我們遴選出前編中的菁華，彙編成《海上絲綢之路基本文獻叢書》，以單行本影印出版，以饗讀者，以期爲讀者展現出一幅幅中外經濟文化交流的精美畫卷，爲海上絲綢之路的研究提供歷史借鑒，爲『二十一世紀海上絲綢之路』倡議構想的實踐做好歷史的詮釋和注脚，從而達到『以史爲鑒』『古爲今用』的目的。

凡例

一、本編注重史料的珍稀性，從《海上絲綢之路歷史文化叢書》中遴選出菁華，擬出版數百册單行本。

二、本編所選之文獻，其編纂的年代下限至一九四九年。

三、本編排序無嚴格定式，所選之文獻篇幅以二百餘頁爲宜，以便讀者閱讀使用。

四、本編所選文獻，每種前皆注明版本、著者。

五、本編文獻皆爲影印，原始文本掃描之後經過修復處理，仍存原式，少數文獻由於原始底本欠佳，略有模糊之處，不影響閱讀使用。

六、本編原始底本非一時一地之出版物，原書裝幀、開本多有不同，本書彙編之後，統一爲十六開右翻本。

目録

東西洋考（上）

東西洋考（上）

序至卷四

〔明〕張燮 撰

明萬曆四十六年王起宗刻本

東西洋考序

昔輶軒使者握槧懷鉛採四方之方言謠俗以備掌故然皆震動以內事耳島嶼夐隔渡亞間以自非躬履其地未易辯悉即

儘其地足自雄深以遠綜要扼
視萬方于門指畫無遺蓋備
習廣譯諏詢權衡之綴著海
國志其民事方俗那不之從如
口岸張艘艫赴遠夷為叙萬而

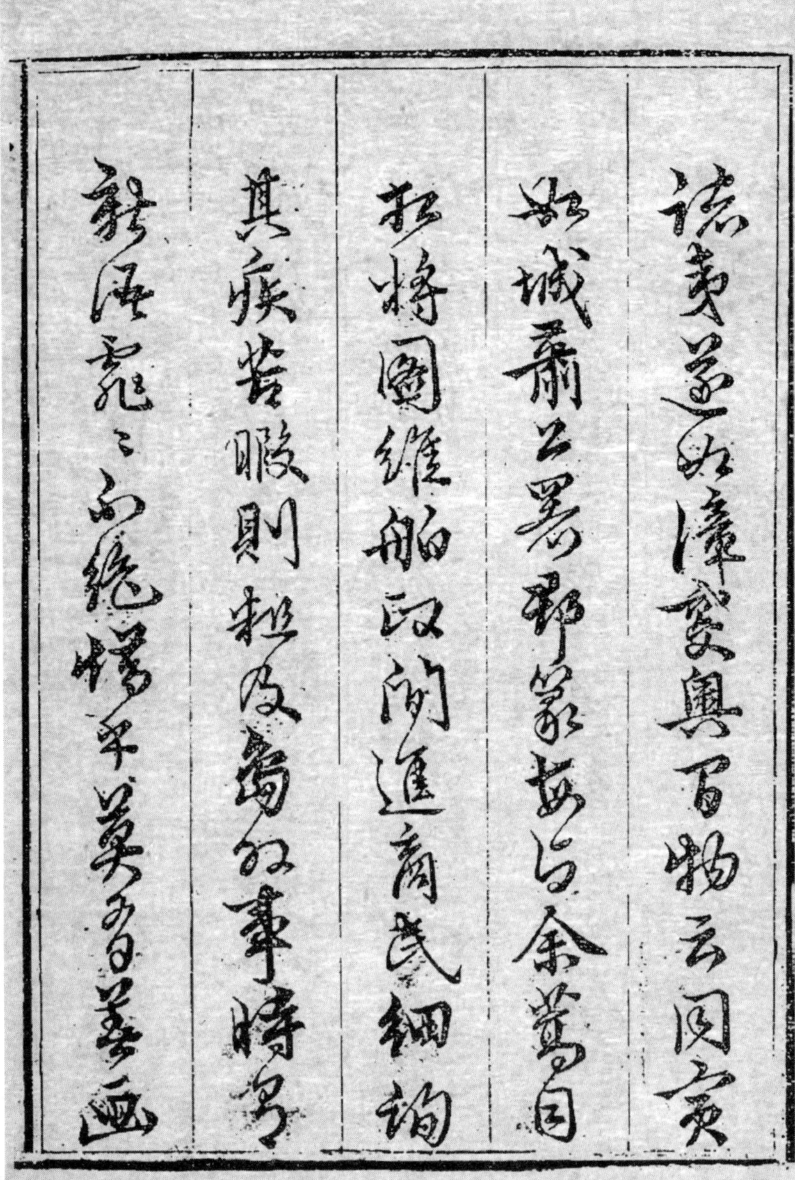

者並張圖而又竊拜請圖羅時
一灑海義大夫李君此援船人行篠
引何以深來西求通乎圖乃先
代貢舟由閩粵來朝者又何以
貿船不至者多人意必傳係之説

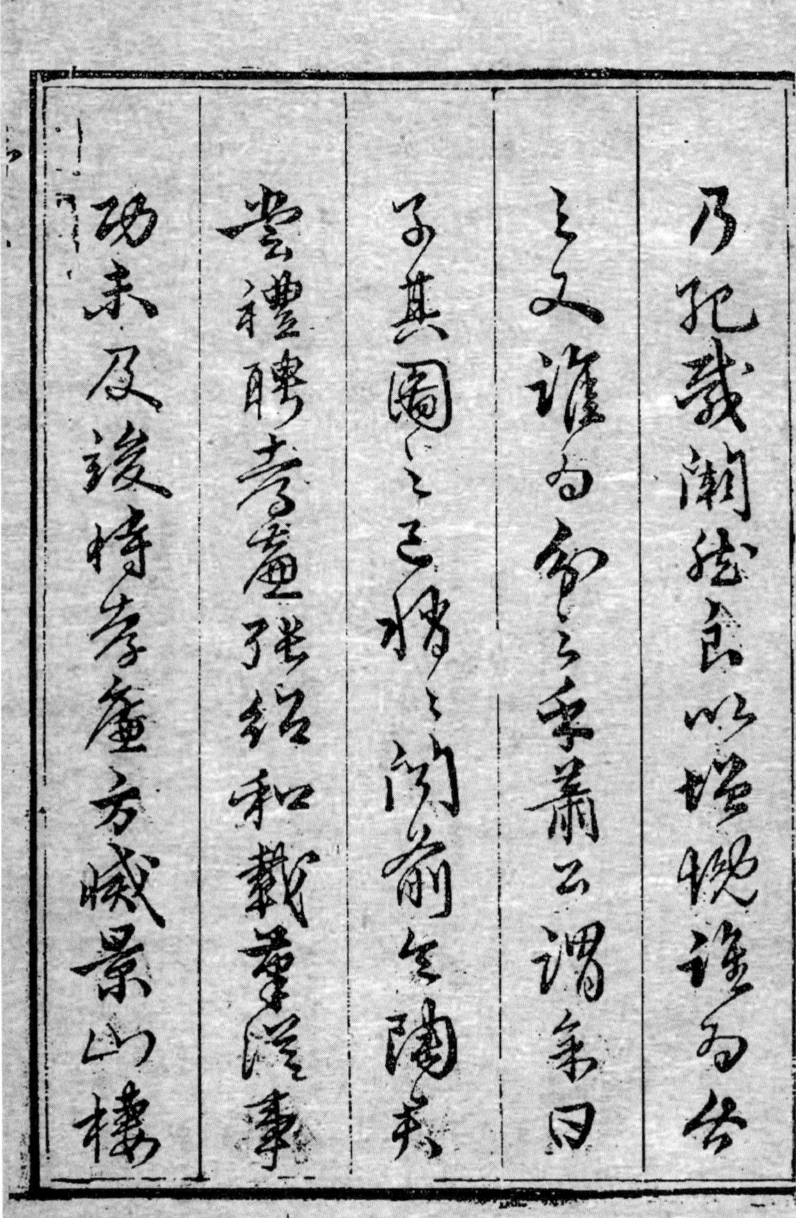
乃犯戕闌殺良以增慨談爲合
之文誰爲命之季蕭云謂余曰
子其圖之已將之詢前令陶君
豈禮聘孝廉張紹和載筆從事
功未及後時孝廉方賦景山樓

象强出之俾竟致為自秋杪至

冬終凡四閱月書既成而鍥劂

亦隨錄余取而竟讀之細極船

人以孫某潘某即古之某國譬

之鴻飛天表楚以為乙越以為

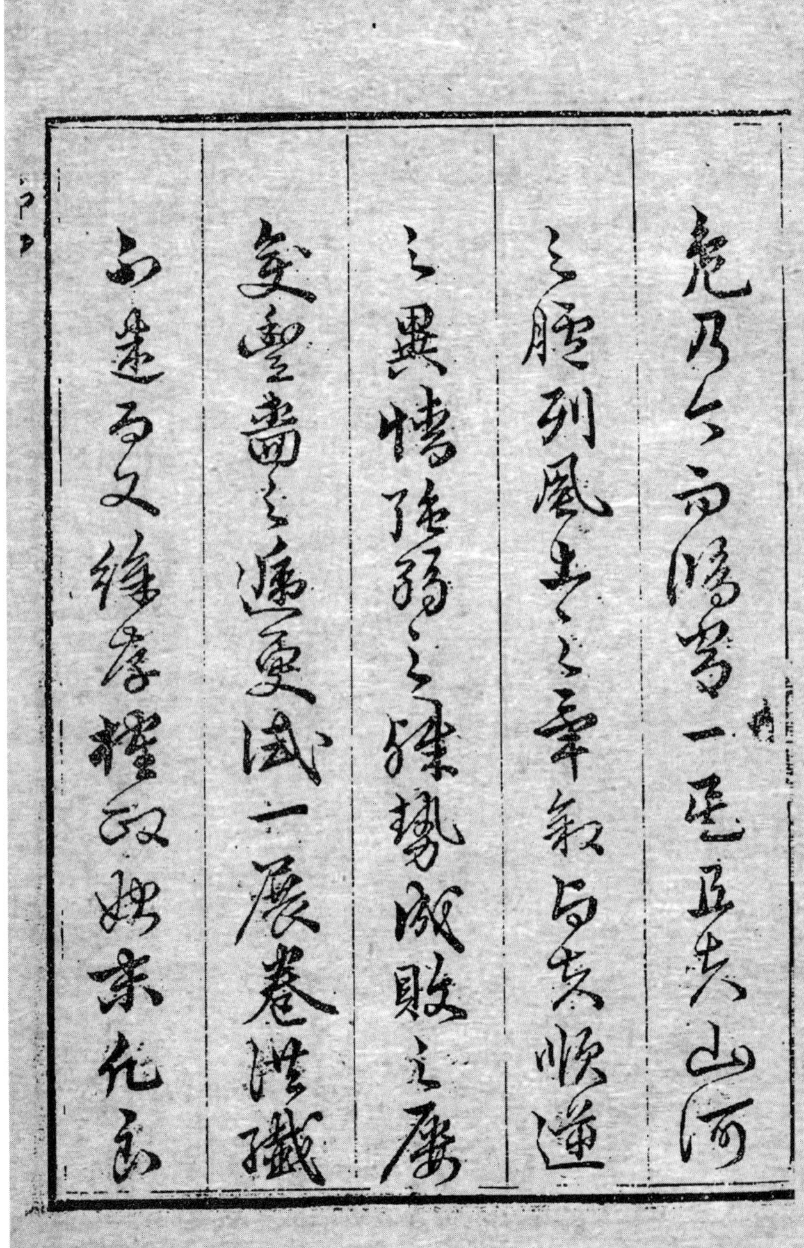

有目之所造福中國人之所編
撰華英並收鑒識盡備至斯書
之大鍵也海上人為余言中英
人時與業積素孫秀以詩
闡八名為方物商人咸此殷畫

皇上仁聖亡尺一與商人罷償撤

中貴還都爲漳律繹乃自受之

琅琅宣

聖天子恩德明珠大貝悉聽賈人

自有之無敢掠此進也方今歷

纂撰是編以報曰是職方之名紀主要之邊叢也而以供史氏他日之採摭類輯輶軒訊其地疆臣不敢藉以不尸素云耳

特

萬曆戊午人日金陵王起宗書
梓三率條思軒

東西洋考目録

卷之四

西洋列國考

卷之五

東洋列國考 東番考附

卷之九

稅璫考

卷之十

藝文考

卷之十一

藝文考

卷之十二

逸事考

東西洋考

凡例

一島外諸國惟交阯占城暹羅彭亨呂宋蘇祿舶人所稱尚沿故號若下港之爲爪哇東埔寨之爲眞臘大泥之爲渤泥舊港之爲三佛齊麻六甲之爲蒲剌加啞齊之爲蘇門答剌思吉港之爲蘇吉丹遲悶之爲吉里地悶文萊之爲婆羅猫里務之爲合猫里往往訛璞爲朴謐魯稱魯是必質之方言參之鄰壤驗之謠俗方物始

能得其主名用心良苦今於屬掇輙書古號若標題某國則仍依舶人給引之舊使俗眼易于披閱一而里耳可以不驚也

阯古城之先爲林邑在唐爲環王暹羅之先爲赤土婆羅剎後又爲暹與羅斛二國爪哇之先爲闍婆亦曰社婆三佛齊之先爲干陁利滿剌加之先爲哥羅富沙蘇門答剌之先爲大食即宿學不能綜其變而名其源歐陽永叔作五代史尚誤稱古城前代不入中國況豎儒哉自非

窮搜千卷觧不迷亂余所稱引俱本于先正所
論次而折衷之非敢臆見妄爲牽合也

一諸國前代之事史籍倍詳而　明興以來爲
畧卽國初之事掌故粗備而嘉隆以後爲尤畧
每見近代作者叙次外夷於近事無可纚指輙
帛此後朝貢不絕一語唐塞譬之爲人作家傳
叙先觀門閥甚都至後來結束殊蕭索豈非缺
陷余每恨之間採于邸報所抄傳與故老所誦
述下及估客舟人亦多借資庶見大全要歸傳

信

一列國各立一傳如史體其後附載山川方物如一統志體以其爲舶政而設故交易終焉

一集唐所載皆賈舶所之若琉球朝鮮雖我天朝屬國然貢入所未嘗往亦不掇入或曰日本紅夷何以特書書其梗賈舶者也

一司關者其人强半見在不便立傳第賢者又不宜泯沒聊于各名下爲誌數語其有碑可採者亦附載名下以見繫思倘碑出溢情與本宦

名實不相背則削不錄

一紀稅璫者何曰史不有宦者傳乎間一展卷如久病暫蘇追念呻吟嘗藥之候悲喜交集乃國醫之功不可誣也即附逐璫疏于後如譜良劑焉

一舶人舊有航海針經皆俚俗未易辨說余為特考而文之其有故實可書者為鋪飾之渠原載針路每國各自為障子不勝破碎且參錯不相聯余為鎔成一片沿途直敘中有迂路人某

港者則書從此分途軋入某國其後又從正路提頭直叙向前其再直迂路亦如之庶幾尺幅具有全海稍便披閱君謂新豐之雞犬識路穆滿之臺榭積蘇則吾豈敢

一藝文逸事不載者尚多無論摻剔所未及即余自能覩記者亦僅行其一臠聊待後人之補入

張燮紹和識

東西洋考

主脩姓氏

督餉别駕金陵王起宗校梓

署郡司李泰和蕭　基訂正

龍邑令君荆溪吳　奕參定

前澄令君檇李陶　鎔咨訪

澄邑令君臨川傅　櫆參閱

纂脩姓氏

海濱逸史龍溪張　燮撰次

東西洋考　姓氏

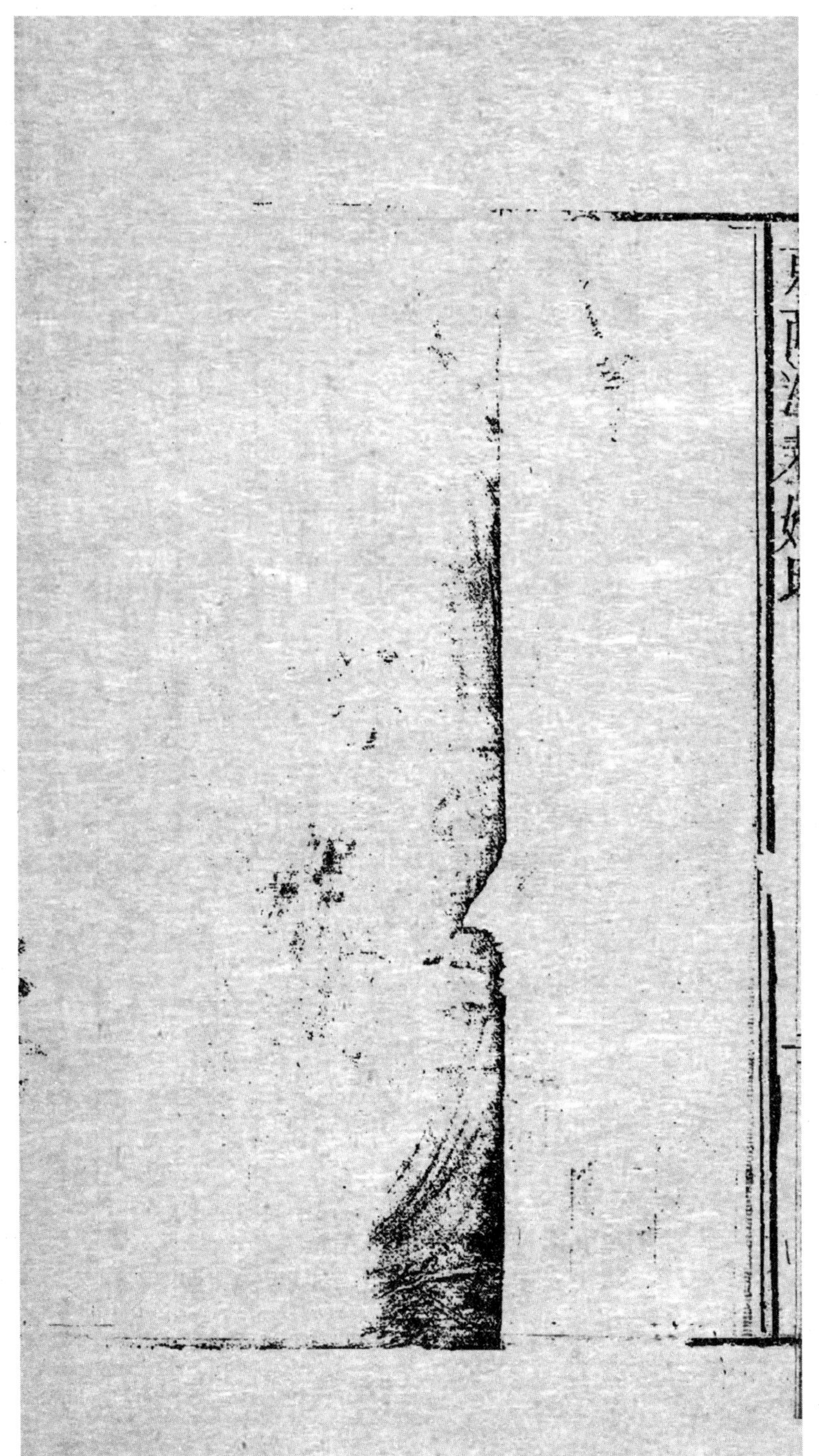

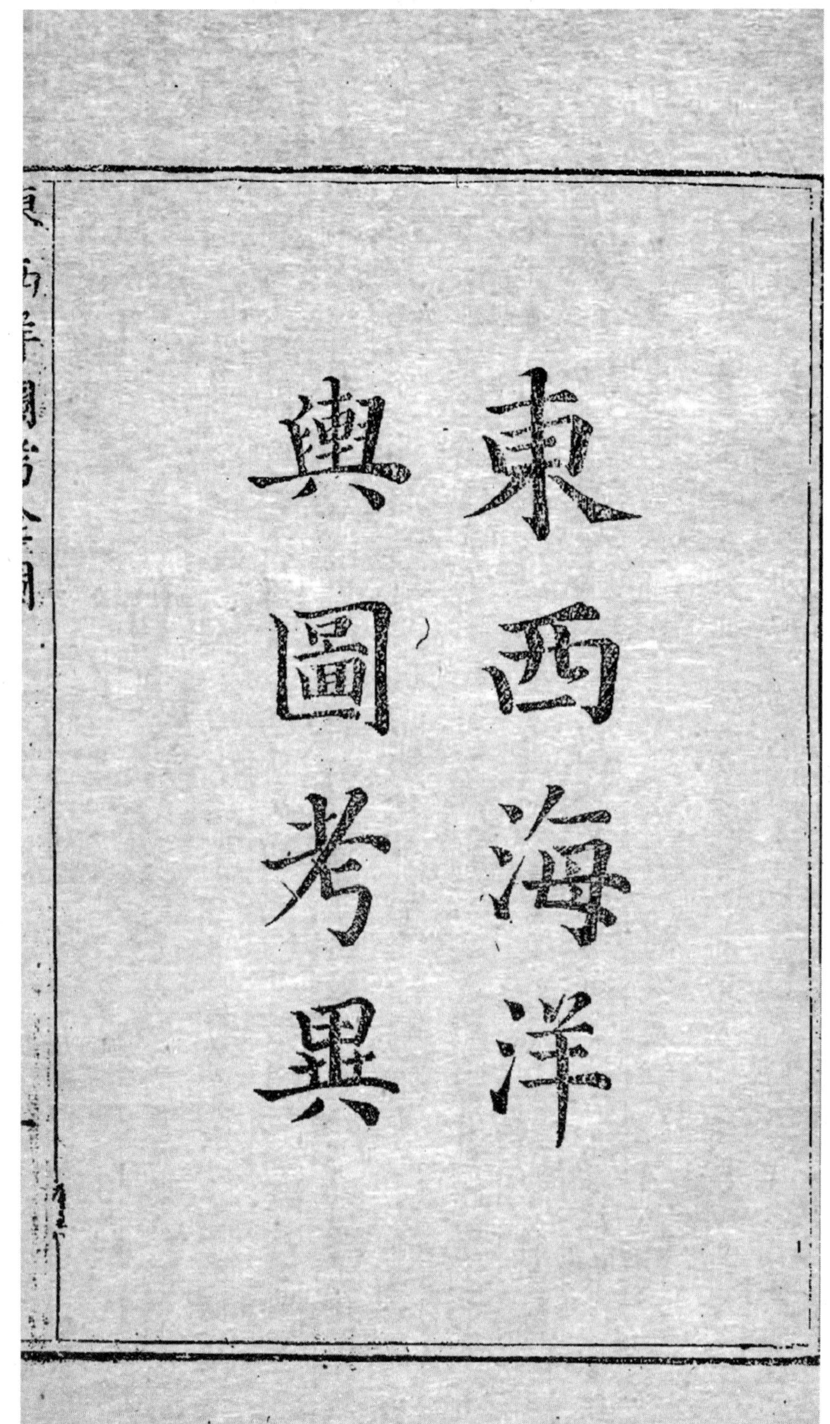

東西海洋輿圖考異

海防要論

總督尚書胡宗憲云防海之制謂之海防則必宜防之于海猶江防者必防之于江此定論也　國初沿海每衛各造大船百外出洋哨守海上諸島有烽墩可停泊自吳淞江口及劉家河夫乍浦之地海灘淺闊無山嶴避風處不若海中洋山殿前可集可泊船也吳淞江口及劉家河出海紆迴又非泊船處所議者欲分番乍浦之船以守海上洋山蘇淞之船以守馬蹟定海之船以守大衢則三山品峙哨守相聯可扼來寇而又其外陳錢諸島猶為賊衝三路之要兵部原題副總兵俞大猷統領戰船駐劉海上防賊截殺則如陳錢乃其所當屯泊而提督軍門及海道等官每于風汛時月相參巡察有警則我大船火器衝截賊入使不得越各島則彼毒無所施嚳孽不作而外地安堵矣總督胡公與趙工尚之議建而倭至必預知為備亦甚易也善體二公立法之意

東西洋考卷之一

西洋列國考

交阯　清化　順化　廣南

新州　提夷

交阯古南交也秦爲象郡漢滅南越置九郡交阯其一也光武時女子徵側徵貳反馬援討平之後改交州隋復爲交阯郡唐置都護府朱梁時曲承美據地輸款授承美節鉞已復并于南漢其後州將爭立所部雲擾丁部領及子丁璉討平之宋綏嶺表璉內附封交阯郡王蓋於是

淪爲夷矣璉第璿嗣爲其將黎桓所篡貢使不
絕宋史曰宋鎬使黎桓歸闕上令條列形勢及
事迹以聞鎬具奏曰去歲抵交州境桓遣牙
内都指揮丁承正等以船九艘卒三百人至太
平軍來迎由海口入大海涉風濤半月至白
藤徑入海汊乘潮而行宿泊之所皆有茅舍三
間營葺尚新目爲館驛至長州漸近本國務爲
誇詫盡出舟師戰櫂謂之水軍宵征抵海岸至
交州僅十五里有茅亭五間題曰茅徑驛至城
一百里驅部民畜産妄稱官牛數不滿千揚言
十萬又廣率其民混於軍旅以雜色衣乘船鼓
譟近城之山虛張白旗爲陳兵之象俄而擁從
桓至展郊迎之禮桓斂馬側身問皇帝起居畢
按轡偕行時以檳榔相遺馬上食之此風俗待
賓之厚意也城中無居民止有茅竹屋數十百
區以爲軍營而府署湫隘題其門曰明德門桓
質陋目瞅自言近歲與蠻寇接戰墜馬傷足受

詔不拜信宿之後張鏇出臨海汶爲娛賓之遊桓跣足持竿入水標魚每中一魚左右皆呼噪歡躍凡宴會與坐之人悉令解帶冠以帽子桓多衣花纈及紅色衣帽以真珠爲飾或自歌勸酒嘗令數十人扛大蚺長數丈饋使館曰若能食此當治爲饌以獻焉又羈送二虎以備縱觀皆郤之不受士卒三千人悉黥其額曰天子軍糧以禾穗日給令自舂爲食兵器止有弓弩木牌梭槍竹槍弱不可用桓輕銳殘忍昵比小人腹心閹豎五七輩錯立其側好狎飲凡官屬善事者擢居親近左右有小過殺之或鞭其背賓佐小不如意亦捶之黜爲閽吏怒息乃復其位而令其制樸陋桓一日請同登遊覽地無寒氣十一月猶衣夾衣揮扇云然屢爲寇吾漸失藩臣禮桓卒諸子爭立及廷龍嗣苛虐不道李公蘊逐之遂代爲王其孫日尊稱帝改元僭號大越數

傳至昊旵無嗣爲其壻陳日煚所有宋史曰李氏有國凡八傳二百二十餘年元攻下之封其子光昺爲王世貢不絕顧時時遣將躪蹂其地

高皇帝蕩平區宇王陳日煃率先內附遣學士張以寧封爲安南國王會日煃卒姪日熞嗣請詔印于以寧拒之吾受命封先王何得予若日熞乃請于朝遣編脩王濂主事林唐臣封日熞嗣王而賞以寧得使臣體未幾陳叔明簒立叔明死子日焜爲其臣黎季犛所弒蒼霞集曰叔明老弟煓代

覘事燔攻占城敗死弟㶣代先是 上嘗敕安南占城毋相攻至是以叔明兄弟怙強速禍復遣使諭之二十一年黎季犛弒㶣 改國大虞稱立叔明子日焜旋爲季犛所弒

太上皇使其子胡奃爲國王詐稱陳氏絕無後而奃其甥也請權國事

文皇帝許之俄而陳氏之孫天平者間道愬于

朝胡奃懼表請天平還國封天平安南國王使都督呂毅黃中大理卿薛嵓以兵護之季犛具牛酒犒師偵騎往壺觴道相屬也不爲虞至芹站伏發殺天平及薛嵓

上大怒拜成國公朱能爲征夷將軍西平侯沐晟左副將軍新成侯張輔右副將軍發兵分道討之吾學編載上幸龍江禡誓衆曰黎賊父子必獲無赦毋養亂毋玩寇毋毀廬墓毋害稼穡毋恣取貨財毋掠人妻女毋殺降有一雖功不宥成國公薨詔新成侯輔行大將軍事兵躪坡壘隘留二關而入抵富良江西平侯亦破猛烈關窦宣江口出洮水度富良江與大軍會於三帶州賊立柵屯守師夜度大破之焚柵煙焰漲天乘勝攻下西都燒其宫室又破賊艘於木丸江嗣大破賊於鹹水

闕窮追季犛父子獲之捷聞詔求陳王後已絕乃郡縣其地立交阯布政司都指揮司按察司爲府十七州四十七縣一百五十七衛十一守禦千户所三論功進封輔爲英國公晟黔國公餘爵賞有差亡何餘孽簡定作亂英國爲太將率兵討擒之踰年陳季擴復叛季擴簡定從子也輔復往討轉戰連歲始獲之自英公下交南凡三獲僞王威震西南夷因留鎮其地而尚書黃福掌藩臬有威惠遐外以寧尋召輔歸以豐城侯李彬代鎮福亦以久得代中貴人馬騏墍

而煩苛失衆心黎利遂乘之反彬不能制所攻沒郡邑十數命成山侯王通佩將印發二廣兵四萬并鎮兵討之凡十餘戰利益盛前逼交州詔安遠侯柳升以精兵七萬往犄角平賊升故嘗從征安南者銳而輕敵自以千騎爲前鋒敗利兵前追之伏發橋壞升中鎗死成山侯懼不敢出乃與利約和以交阯棄之引兵還利於是送還文武官吏四百十七人進代身金銀香象布帛謝罪且乞封而

宣宗用大學士士奇榮策利表言前國王遺嗣暠今在老撾請嗣封上集大臣議英國公臣輔尚書臣義臣原吉皆言交南本中國地勞苦得之不宜棄成功大學士臣士奇臣榮言兵興以來天下無寧歲今瘡痍未起而復勤之臣不忍聞且求立陳後者太宗皇帝心也求之不得而後郡縣今因其請撫而建之以息吾民於計大便漢棄珠崖前史榮之安在爲示弱乎上曰卿二人言是遣少宗伯李琦少司空羅汝敬等持璽書赦利求陳氏後立之利詭陳氏已絕更遣少宗伯章敞納言徐琦爾爲權署安南國事利遣使入謝解歲金五萬兩然巳改元順天帝其

國中矣利死子麟立僭號紹平僞謚利太祖高皇帝遣使告哀求冊權署國事正統丙辰以少司馬李郁納言蔡亨持節冊爲安南國王麟復改號大寶久之死子濬嗣僭號太和僞謚麟太宗文皇帝請冊朝貢不絕天順時爲庶兄琮所弑自立僭號天興大會黎壽域等起兵殺琮而立濬弟灝僭號光順成化初與鎮安土官岑宗紹相攻爲岑氏所敗占城王茶全攻其化州灝率兵敗之占城退走虜王茶全以歸弘治間灝死子暉嗣僭號景統僞謚灝聖宗淳皇帝暉死子敬嗣僭號泰貞未

踰年而死，遺命立其弟諠（僭號端慶，偽謚敬肅宗欽皇帝）。諠立四年，死於獄。其舅黎廣度等表：「諠罷信毋黨阮种、阮伯勝，恣行兇暴，民不堪命。阮氏圖竊國柄，遷諠別宅，逼令自盡。臣等與國人共聲其罪，黨與盡伏誅。竊見故國王黎灝第二子故臣烱有子黎賙，堪任國事，乞賜襲封。」詔許之（賙僭號洪順，追謚諠爲厲愍王）。初，灝生二子，長即暉，次子珸，偽封錦江王。暉生薇、誼，珸生灝、賙。誼被害時，珸與灝俱先死，故國人立賙。而灝之子偽沘陽王譓及弟㦖以

兄不得立灝妻鄭綏女譓妻鄭惟鏈女是時鄭疆且握柄於國立晭非其意也晭旣立僞尊父珝爲德宗諡皇帝多行不義國人惡之正德丙子鄭惟鏈鄭綏與其黨陳眞弑晭而諒山都將陳暠者稱陳氏後以諒山之甲迫交州殺鄭惟鏈自立陳眞擊走之暠病死鄭綏等共立譓爲主於國僭號光紹僞尊灝哲宗明皇帝諡晭曰靈隱王追謚誼爲威帝其大臣阮弘裕等討弑晭之罪攻鄭氏鄭氏出奔時國柄未有所屬莫登庸諷羣臣推巳典兵登庸者荆門人世業漁以武舉爲陳暠叅

督後歸黎譓累戰功封武川伯鎮海陽以重帛賂譓左右入柄軍政如太傅封仁國公遂恭奉僞國既得志漸除譓左右易所親信防守之譓潛趣兵攻登庸反爲所敗出奔清華時嘉靖元年也登庸乃僞立應僣號統元追謚賜爲襄翼帝亡何酖應并其母殺之而自立國號大越改元明德僞謚應曰恭皇帝時譓尚據清華乂安順化廣南四道登庸立其子方瀛居守自稱太上皇率兵攻譓連破之譓走入哀牢國憤悒死子寧甫七歲故臣共立之於漆馬江登庸屢攻不能克鄭惟憭以黎寧命來請兵

下部議拜咸寧侯仇鸞爲大將尚書毛伯溫監督及督臣蔡經等分道入討乃聚兵以聲恫喝登庸誘使納款登庸於是爲降表請罪獻代身金人自贖伯溫等爲壇兩軍相距登庸脫幘徒然伏壇下稱詔赦之廣西通志曰嘉靖十五年皇子生先議頒詔諸夷禮部尚書夏言奏安南不貢逾二十年宜罷使及黎寧奏至廷議命毛伯溫爲兵部尚書從宜撫勦兩廣督臣潘旦疏稱莫氏奸雄之賊黎氏逆利之裔皆非宜立如以夷狄處之則元昊可爵不義可侯而黎利可王也二氏紛爭兵用未息皆欲假天朝名號宜靜觀其變與廷議不合因召旦還以侍郎蔡經代之廉州守張岳獨言用兵之害宜留使者勿前經問岳曰能保毋用兵

降登庸乎岳曰欲降之必令納地令毀號令衘伏請關獻國中圖籍聽上處分國體不可褻也經曰如此能令登庸聽乎岳曰一檄足矣於是兵事調度一屬之岳司馬毛伯溫至岳手賊情地形冊子授伯溫曰公計用兵則圖進取方畧無逾此者然不若罷毋征爲完計願公策安決耳伯溫客謂岳曰交事屬子矣先是登庸聞廷議興師遣人上表乞降至是求益懼岳用前言要之登庸初猶偭彊岳懼以禍令登自討於是登庸惟命會岳遷去登庸復首鼠兩端伯溫經奏乞還岳廣東登庸曰張公在吾無恐矣伯溫檄重兵駐節南寧而參政翁萬達素負雄畧諸所策如張岳議乃使通判蘇廷獻傳譯命束身軍門歸地繳印去僭號奉正朔後遣作書諭之登庸乃以十一月素衣繫組躬率頭目耆士俟于南關萬達等開張幕府設龍亭復以黃幄傳令開關登庸等由關道左出脫履跣足面北而跪傳解其組及接受降書 凱旋伯溫

等加秩有差廷議黎寧非眞黎氏後以登庸爲都統使鎮安南然帝其國自如也登庸方瀛相繼死孫福海嗣位又死子宏瀷幼大臣阮敬等專權國復亂四十三年貢使黎光賁至京光賁以國難羈留南寧者十五年至是乃達其後貢遂絕萬曆間莫茂洽爲都統使茂洽死國大亂數年鄭惟㦃子鄭檢立黎暉後維邦爲主維邦死子維潭嗣盡逐莫氏遺孽詣督臣請款關輸貢移文擅用前國王印守臣詰之維潭飾詞對

然請款愈堅與約必以高平居莫氏如黎氏漆馬江時維潭心難之遁去頃之復款具言其恢復之義歸附之誠高平乃其故土且莫氏甞臣不宜漆馬江爲比守臣曰莫氏先世雖篡逆今日乃國家外臣也使假息一隅毋遽殄絕是我國家所以鎮撫四夷共其懋難之意維潭乃聽二十四年夏築壇受降如登庸故事廣東通志曰維潭抵關同知黃宇李陶成出關傳譯詰以六事首擅殺貢臣曰復仇之急不皇請命乞矜其愚次維潭曰世孫也其祖黎暉天朝曾錫命焉次鄭松曰隸臣世以衛黎非有黎也然則何胥遁乎曰

以儀物之不戒非道也幸不加討其自今有死無二金印何在曰權做爲之立銷矣至安插猶仵對不決復譯諭曰均貢臣也黎昔可滅馬江莫獨不可高平乎凡分土既定庸何傷阮灃等語塞遜白維潭曰謹遵命黄宇還報授灃款關儀節使旋習之初十晨開關先東杜次東使備兵次維潭弁通國臣者俱魚貫入維潭襪衣跣足身繫白組北面伏地陶成親解其組維潭起着衣履同臣者着五拜三叩頭訖進服罪表次進金人代身姑令戴罪還國候旨維潭又五拜三叩頭畢候龍亭前趨左江道請用賓主見又請稍降階俱不從黄承祖從旁厲聲示維潭今復國不費檳榔半咽何靳四拜遂下拜各頭目皆羅拜張具犒之督臣陳大科疏

言莫之篡黎其事逆

先朝猶赦其愆況黎之復讐其名正今日宜許

其順以夷治夷
祖宗成法事下部議如大科言以維潭爲都統使安南復定萬曆間黎維新嗣維新雖國主然政無纖鉅悉決於大臣鄭松所擁虛器耳三十五年交南苦饑叛酋集衆掠欽州輒散去督臣戴燿遣兵討捕之移檄維新自縛叛酋松縛企揚扶安扶忠三人來獻其與粵西連境者歲歲爲南太憂督臣周弘謨請增兵增餉以需大創云其俗夷獠雜居獷悍喜鬬或剪髮或椎髻口

赤齒黑跣足文身暑熱好浴故便舟善水惟交愛人倜儻好謀驩演人淳秀好學則從古傳爲美譚國中尚知祀文宣王用制科取士亦猶中華之遺教也其地分十三承政司廣志曰欲示土地之廣疆分折爲郡縣其實一承政不能及中國一府或自舊縣升爲府如慈山泚仁之類或承政只管一府如安邦諒江之類舊名多更改割裂船人稱東京者即其故都其王居曰目南殿

清化港即舊清化府也是漢九眞郡治之地隨唐爲愛州在交阯爲西京今爲清華承政司

順化港即舊順化府也今爲順化承政司

廣南港即舊乂安府也漢爲日南隋唐爲驩州今爲廣南承政司太傅阮某鄭松之舅也松旣執國政阮不能平擁兵出據于此威行諸部某卒其子始脩貢東京

新州港即舊新安府也今爲海陽承政司

提夷港亦交阯屬縣以上風俗大約與東京相類尚有汝南承政京北承政山西承政諒山承政太原承政明光承政與化承政乂安承政賈船所不到附載于此

形勝名蹟

佛跡山在交州府石室縣有巨人跡下有池景物清麗一方勝槩

勾漏山在石室縣古勾漏縣在其下漢書註勾漏有潜水牛上岸共鬭角敗還復出

東究山在北江府嘉林州一名東皐山唐刺史高駢建塔其上

儒遊山在北江府武寧縣相傳有樵夫覲二仙奕棋於此

金牛山在武寧縣唐刺史高駢欲鑿其山見金牛奔出遂止漢書註九眞郡居風縣有山出金牛往往夜見光輝十里

崑山在諒江府鳳山縣上有清虛洞山腰有瀨玉橋白雲庵林岫之勝

丘鱕山在諒江府冊巴縣上有石門廣三丈相傳漢伏波將軍馬援所鑿

安子山在新安府東湖縣一名象山漢安期生得道處宋海嶽名山圖以爲第四福地

雲屯山在新安府新屯縣大海中兩山對峙一水中通

商船多聚此。**大圓山**在新安府新安縣大海中突起圓嶠永樂十六年山獲白象二來獻**鳳凰山**在三江府夏華縣邑人歲時登覽**三島山**在宜化府楊縣三峰特起**芘山**在大原府弄石縣下有巖洞水穿洞中可行舟**隴山**在太原府洞喜縣四面皆峭辟中有村墟在焉**藏馬山**在清化府永靈縣一名遊奕山巍然獨立横枕長江邑人九日登高處**安鑊山**在清化府東山縣出美石漢豫章太守范甯嘗遣吏採石為磬**天琴山**在乂安府奇羅縣東海邊相傳陳氏主遊此夜聞天籟聲故名永樂初天兵擒黎賊子蒼于此**横山**在乂安府河華縣昔林邑告交州刺史朱蕃求以日南北鄙横山為界即此**傘圓山**在嘉興州其勢高峻雄偉**艾山**在嘉興州蒙縣面臨大江峭石環立人跡罕至相傳上有仙女每春開花雨後漂水羣魚吞之便過龍門江化為龍**富**

良江在交州府東關縣一名瀘江上接三帶州白鶴江經城東下通利仁縣大黃江以達于海宋郭逵破蠻決里隘交富良江本朝張輔等破黎寇于此

如月江元兵與懷交侯戰處

天德江一名廷蘊江又名東岸江永樂初黎寇懼討役民堙塞天兵既平寇重加浚治舟楫復通

來蘇江舊名蘇歷江自交州東北轉而西下直抵銳江昔有蘇歷者開此故名永樂初工部尚書黃福重浚因王師弔代乃更名來蘇

宣光江在宣化府曠縣源自雲南教化長官司入境流七百餘里達宣化江沐晟自雲南引兵駐此

海潮江在建昌府快州自阿魯江分流下通玉球江昔陳氏破占城單處

龍門江在嘉興州蒙縣漢書註封谿縣有隄防龍門水深百尋大魚登此門化成龍不得過輒點額血流此水恒如丹池一統志曰源出雲南寧遠州至此橫截江流中分三道飛湍聲聞百里舟過此必舁

上岸方可復行

夜澤 在建昌府東結縣梁時有阮賁世爲豪右陳霸先擊破之賁逃澤中夜則出掠因號夜澤

龍溪 在鎮蠻府延河縣昔陳氏夜過江不能渡忽見一橋跨江既渡向顧不見及有國改名龍溪

天威涇 唐高駢以交州至邑川海多潛石漕運不通鑿開五道有青石徑或傳馬援不能治既而震碎其石亦得通因名天威涇

東津渡 在交州府東關縣瀘江舊以舟楫往來阻風永樂初張輔沐晟始置浮橋每歲一易

金溪究 水經註曰朱載雜將子名詩索麋泠雒將女名徵側爲麥泠有膽勇攻破州郡爲王馬援將兵討之走入金溪究三歲乃得

越王城 在又安府東岸縣又名螺城以其屈曲如螺漢時安陽王所築安陽王舊都越地故又稱越王城宮址尚存

璽城

望海城 俱交州府漢書曰馬援奏言西于縣户三萬二千遠界去庭千餘里請分置封溪望海二縣因

築二城守之

大羅城在交州城外漢交阯郡唐安南都護府皆在此其城張伯儀所築高駢脩廣之宋李公蘊立國于此

雒王宮交州輿域記曰交趾未郡縣時地有雒田隨潮上下民墾食其田因名雒民設雒王雒侯主諸郡縣多爲雒將銅印青綬後爲蜀王子所滅今三帶州宮址尚存

天使館元傅與礪使安南懸詩云使旌入館青雲動仙蓋歸江白日迴喻蜀豈勞司馬徼朝周終見越裳來

浪泊在交州府東關縣一名西湖馬援平交阯謂官屬曰吾弟少游常哀吾慷慨有大志嘆曰士生一世但衣食纔足爲郡縣吏守墳墓鄉里稱善人足矣至求贏餘自苦耳吾在浪泊西里間下潦上霧毒氣薰蒸仰視飛鳶跕跕墮水中念少游語何可得也

銅柱馬援破交阯立爲漢界誓云銅柱折交阯滅唐馬總亦建二銅柱

物產

金 爾雅曰黃金謂之璗孔融曰金之優者謂之紫磨一統志謂太原諒山乂安等府所出也

珠 晉陶璜爲交州百姓無農惟採珠爲業以珠易米

辟寒犀 唐開元間交阯進犀角一株色黃如金以金盤置殿中煖氣襲人上問其故使者曰辟寒犀也

珊瑚 一統志曰有赤黑二種在海直而軟見日曲而堅漢初趙佗獻赤珊瑚號絳火樹

犀角 宋及本朝充貢山海經曰犀三角一在頂上一在額上一在鼻上鼻上者小而不墜食角也交州記曰犀有二角鼻上角長額上角短或曰三角者水犀二角者山犀

象牙 爾雅翼曰象齒歲脫猶愛惜之掘地而藏必削木爲僞齒潛往易之覺則不藏故處宋及本朝交阯充貢

貝 劉欣期交州記曰大貝出日南如酒杯廣州志曰貝有八紫貝最美出交州萬震曰乃有大貝奇姿

雜傳交阯以

玳瑁 本草曰大如扇似龜甲有文南皆有之解毒辟邪海槎餘錄曰背負十二葉有文藻取用必倒懸其身用滾醋潑之逐片應手而下但不老大則皮薄不堪用耳

翠羽 爾雅謂之鷸異物志雄赤曰翡雌青曰翠禽經曰鷸有文而貪人取其羽爲飾故左傳云翠被而楚詞云翠帷

銅鼓 廣州記曰俚獠鑄銅爲鼓面濶五尺餘鼓隮隱起或作海魚周圍有蝦蟇十二相對初因鄉里小兒聞鳴鼃之怪得於蠻酋大冢中按漢書馬援征交阯得駱越銅鼓改鑄馬式葢漢而有之與今制不同

銅 銅柱之鑄從來久矣

丹砂 晉葛洪煉丹求爲勾漏令杜子美詩交阯丹砂重

奇楠香 其香經數歲不歇爲諸香之最故價轉高以手爪刺之能入爪既出香痕復合如故華夷考曰香木枝柯竅露木立死而本存者氣性皆溫爲大蟻所穴蟻食石蜜歸而遺於香中歲久漸漬木受蜜氣結而堅潤則香成矣

近世以制帶銙率多湊合頗若天成純全者難得耳

奇楠香油 眞者難得今人以奇楠香碎漬之油中以蠟熬之而成微有香氣

沉香 圖經曰木類椿櫸多節葉似橘花白子似檳榔大如桑椹交州謂之蜜香斷其積年老根經年皮幹俱朽爛木心與枝節不壞者即香也堅黑而沉水爲沉香

速香 南方草木狀曰交趾蜜香樹伐之經年其根幹枝節各有別也心與節堅黑沉水爲沉香水面者爲雞骨香根爲黃熟香幹爲棧香細枝緊實未爛者爲青桂香根節輕而大者爲馬蹄香同出一樹今人名速香蓋黃熟語音之訛矣

安息香 酉陽雜俎曰其樹呼辟邪樹長三丈許刻皮出膠如飴名息香本草云似柘脂黃黑色爲塊新者亦柔軟一統志曰樹如苦楝大而直葉類羊桃而長中心有脂作香

詹糖香 圖經曰出交南木似橘煎枝葉爲香往往以皮及蠹屑和之難得淳好者

蘇合油 圖經曰蘇

合香與眞紫檀相似而堅實極芬香今不復見但用如膏油者極芬烈耳陶隱居以爲是獅子屎外國說不爾梁書云蘇合香是諸香汁煎之非自然一物也先煎其汁爲香膏乃賣其滓與賈人

絹

按九眞郡蠶年八熟繭小輕薄絲弱綿細今交阯絹蓋八蠶之絲所織也薄者畫家多用之其色近古本朝充貢

東京布

亦吉貝所織者尺幅甚狹

羚羊角

郭璞曰麢似羊而大角圓銳陳藏器曰羚羊夜宿以角掛木不着地但取角彎中深銳緊小猶有掛痕者是交阯出高石山

明角

牛白者角亦白是稱明角雄角大而直雌者多歪堄故價爲遜

烏角

考工記曰稺牛之角直而澤老牛之角紾而昔疢疾險中瘠牛之角無澤

鹿角

許氏說文曰鹿解角獸雅翼曰鹿陽獸遊山夏至得陽氣而解角從陽退之象埤雅曰羣居則環角外向以防物之害也

獺皮

埤雅曰似狐而小青黑色膚如伏翼一歲二祭其先

取魚水濱四面陳之謂之祭魚今人集其皮爲裘 **馬尾** 宋時占城多從交阯市馬則以馬故所自出 **蠟** 陶隱居云蠟生蜜中故謂蜜蠟蜂先以此爲蜜蹠煎蜜亦得之初時極香軟人更煮煉或加少醋酒便黄 **燕窩** 燕食海藻吐以作巢依石穴上伏其卵生雛故多着毳夷人梯取之王敬美閩部疏謂海燕所築啣之飛渡倦則擲置海面浮之若杯身坐其中久之復啣以飛爲海風吹泊山澳海人得之以貨此好奇而誤入之者也 **胡椒** 酉陽雜俎云苗蔓生根極柔弱長半寸有細條與葉齊條上結子兩兩相對其葉晨開暮合合則裹子葉中形似漢椒至辛辣 **蟳肉** 周書王會海陽大蟹註海水之陽以此貢獻蓋蝤蛑鉅者蝤蛑即蟳別名也今人貨其乾肉以歸 **苡薏仁** 交南呼爲薢珠一名薏珠子馬伏波所以興謗也 **檳榔** 俞安期曰檳榔子既非常木亦特異余在交州度之大三圍高丈餘葉聚木端

房棲葉下花秀房中子結房外皮似桐而厚節似竹而條中空外勁遝立海南遼然萬里嶺表錄異曰安南人採實以扶留藤兼尾屋子灰競嚼之云交州地濕非此無以祛瘴癘

椰 異物志曰樹高六七丈無枝葉葉如束蒲在上實如瓠繫之顛實外皮如胡蘆膚中有汁升餘食其膚則不饑食其汁則增渴交州記曰椰子有漿作酒飲之亦醉○沈佺期椰子樹詩日南椰子樹香裊出風塵叢生調木首圓實檳榔身玉房九霄露碧葉四時春不及塗林果移根隨漢臣

千歲子 南方草木狀曰藤蔓出土子在根下鬚綠色交加如織其子一苞二百餘顆皮殼青黃色殼中有肉如栗味亦如之乾者殼肉相離撼之有聲出交阯

菴羅果 一統志曰俗名香蓋乃果中極品實似北梨四五月熟多食無害

波羅蜜 一統志曰大如冬瓜皮有軟刺五六月熟味最香甜核可煮食能飽人嘉林州出者佳

劉 爾雅註曰實如

梨酥甜核堅出交阯石粟草木狀曰石粟生石罅間殼薄肉少味似胡桃熟時爲鸚鵡啄食容盡故彼人珍貴出日南豆蔻異物志曰生交阯形似益智皮殼小厚如石榴辛且香古度交州記曰不花而實實從皮中出大如石榴色赤可食石南樹南方記曰實如燕卵取核乾其皮中作肥魚羹和之尤美出九真州樹南方記曰掘煑如李子剝核味甜出武平國樹南方記曰子如雁卵縣乾食之味似栗出交阯多感交州記曰多感子黃色圓一寸蓽茇草木狀曰蒟醬生蕃國者大而紫謂之蓽茇交阯多種蔓生留求子草木狀曰形如梔子稜瓣深而兩頭尖大及半黃已熟中有肉白色甘如棗核大交阯有之大茄草木狀曰交廣種茄宿根三五年漸長枝幹乃成大樹盛熟梯取之蘇木華夷考曰蘇枋樹出九真南人以染絳一統志曰一名多那俗名紅木烏樠

木顏師古曰構木名其心似松一紋志曰樹似栟櫚堅緻可為器

棕竹竹如指大實中黑色而白點文交似栟櫚故名稷竹其粗者名竹枯不中用

棘竹竹譜曰棘竹生交州大三尺圍肉厚幾於實中夷人破以為弓枝節有刺種以為城卒不可攻萬震異物志所謂種為藩落阻過會墉者也

白緣交州記曰白緣樹高丈餘實味甘美於胡桃

人子藤酉陽曰安南人子藤紅色在蔓端有刺子如人狀燒之集象南中亦難得

犀交州記曰犀毛如豕蹄有三甲頭如馬有三角

象朝野僉載曰安南有象能知人曲直負心者以鼻捲之

兕爾雅曰兕似牛青色重千觔一角長三尺餘形如馬鞭柄皮堅厚可制鎧漢靈帝時九真獻為奇獸元時安南貢兕

白鹿晉元康初白鹿見交趾武盌縣朱元嘉交趾獻白鹿

驨爾雅云驨如馬一角者騏郭云元康八年九真郡獵一獸大如馬一角角如鹿茸此即驨

也

猩猩 水經註云猩猩獸形若黃狗又狀貆豘人面顏容端正音聲妙麗楚太原王綱曰猩猩好酒及屐里人置之山谷常數輩為羣見酒物知人張設輙之先知張者祖父姓名詈曰奴欲殺我亟舍爾去也既復還曰試其嘗酒遂醉取屐着之為人所擒

狒狒 爾雅曰狒狒如人被髮迅走食人山海經一名梟羊有毛反踵見人則笑出交廣郭璞贊曰狒狒怪獸被髮操竹獲人則笑脣掩其目終亦號跳反為我戮

果然 山經果然似獮猴以名自呼羣行老者在前少者在後得果食輙與老者似有義焉交阯有之南州異物志曰交州果然獸體不過三尺而尾長四尺餘反尾度身過其頭視鼻仍見兩孔仰向天其毛長柔細滑澤以自為質黑為文集十餘皮可得一褥繁文麗好細厚溫煖

蒙貴 爾雅謂之蒙頌一統志囮狀如猫而小紫黑色畜之捕鼠甚於猫林元凱為安南陳中貴題畫云內相家中蒙貴兒華堂客到

每先知今朝洗而還過耳故寫新圖開閣詩

白雉 漢光武時日南九眞貢

孔雀 異物志曰孔雀自背及尾皆圓文五色頭戴三毛長寸以爲冠足有距迎晨則鳴相和交阯郡人多養孔雀殺爲脯腊又養其雛爲媒傍施網罟伺其飛下則牽網橫掩之採其金翠毛裝爲扇拂或生截其尾以爲方物云生取則金翠之色不滅

鸚鵡 林元凱詩隴頭春樹拂雲紅學語聲嬌弄晚風上國抵今辭遠貢莫愁彩羽閉雕籠

蚺蛇 水經註曰交阯山多髯蚺長十丈圍七八尺常樹上伺鹿鹿過低頭繞之有頃鹿死先濡令濕便吞頭角骨皆鑽皮出山夷始見蛇不動時以大竹籤籤蛇頭至尾殺而食之以爲珍異故異物志曰髯惟大蛇旣洪且長采色駮犖其文錦章食豕吞鹿腴成養創實享嘉宴是豆是觴言養創之時肪腴甚肥摶之以婦人衣投之蟠而不起便可得也

紅飛鼠 華夷考曰多出交阯深毛茸茸然唯肉翼

淺黑色雙伏紅蕉花間捕者獲其一則其一不去婦人帶之爲媚藥竹鼠交州記曰竹鼠如小狗大食竹根出封溪鸚鵡魚一統志曰龍門汀旁有穴出鸚鵡魚色青綠口曲而紅似鸚鵡嘴相傳此魚能化龍蟻子鹽嶺表錄異曰溪洞酋長多收蟻卵爭鹵爲醬非官客親友不可得食周禮醢人饋食之豆有蚳蟻子即此

交易

買船既到司關者將幣報酋船主見酋行四拜禮所貢方物具有成數酋爲商人設食乃給木牌於廛舍聽民貿易酋所須者輦而去徐給官價以償耳廣南酋號令諸夷埒于東京新州提

夷皆屬焉凡賈舶在新州提夷者必走數日程詣廣南入貢廣南酋亦遥給木牌民過木牌必致敬乃行無敢譁者斯風稜之旁震矣順化多女人來市女人散髮而飛旁帶如大士狀入門以檳榔貽我通慇懃士人嗜書每重貲以購焉按宋史大觀初貢使至京乞市書籍有司言法不許詔嘉其慕義許之然則彼國嗜書正非一朝耳

論曰久矣夫交南之爲郡縣也

文皇帝振宋之陋六師所指海立電飛漢唐土

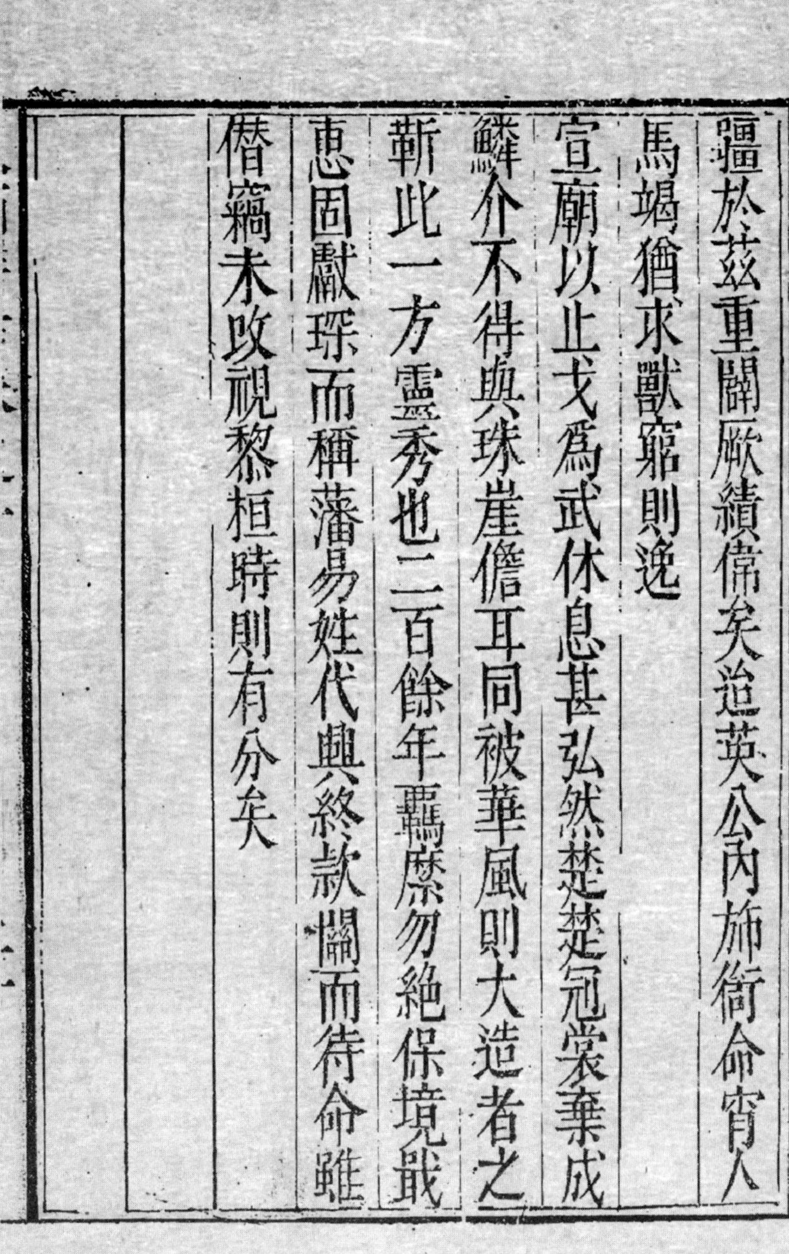

疆於茲重闢厥績偉矣迨英公內旆銜命宵人馬塢猶求獸窮則逸宣廟以止戈爲武休息甚弘然楚楚冠裳棄成鱗介不得與珠崖儋耳同被華風則大造者之靳此一方靈秀也二百餘年覊縻勿絕保境戢惠固獻琛而稱藩易姓代興終款關而待命雖僭竊未改視黎桓時則有分矣

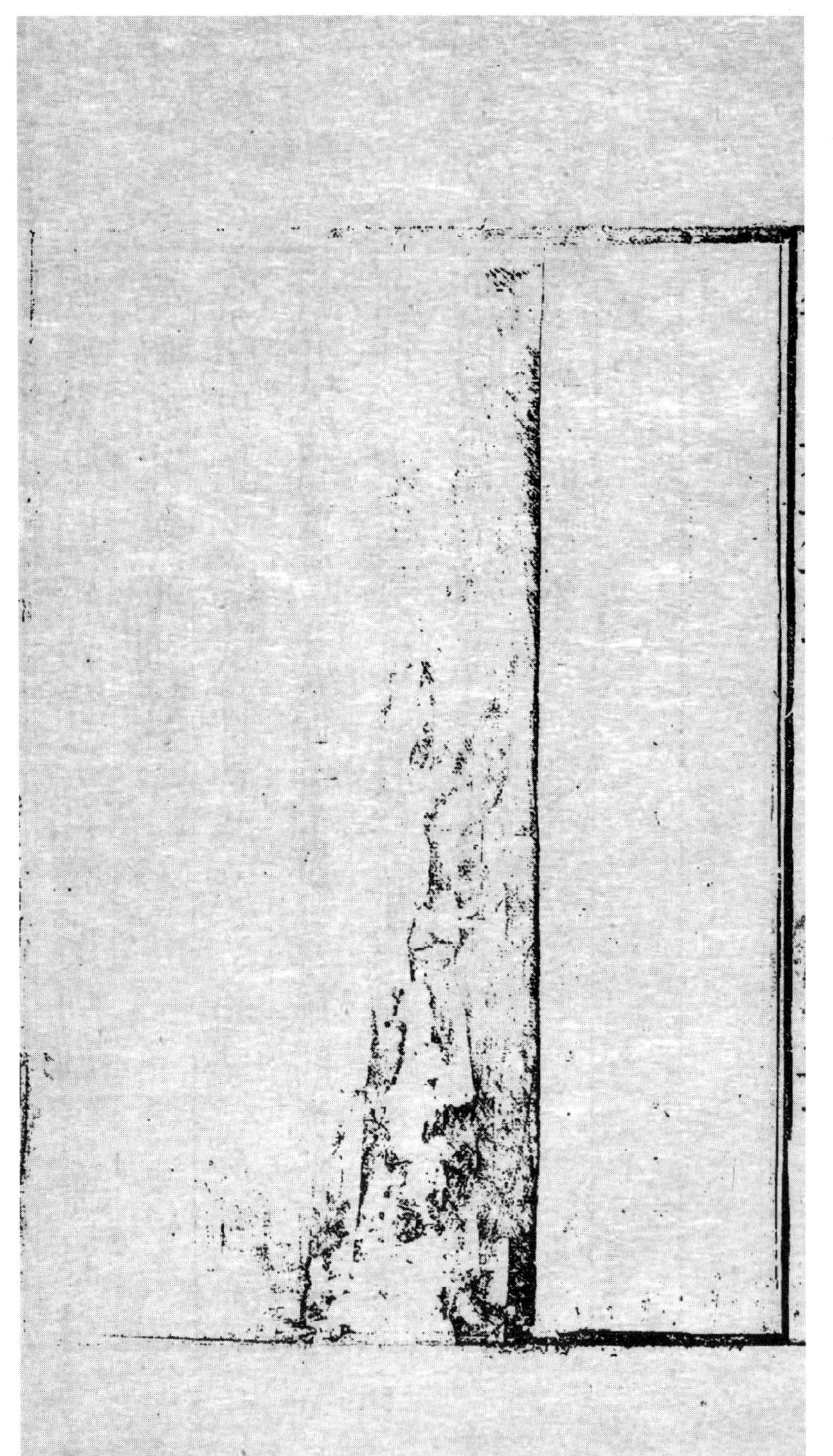

東西洋考卷之二

西洋列國考

占城

古城古越裳地也秦林邑漢象林及區連殺縣令自立稱林邑王數世中絶外甥范熊代之子逸嗣逸死奴文篡立梁書曰文本夷帥范稚家奴嘗牧牛山澗得鱧魚二化而爲鐵因以鑄刀刀成文向石呪曰若斫石破者文當王此國因斫石如斷芻藁文心異之范稚嘗使之商賈至林邑因教林邑王作宮室及兵車器械王寵任之後乃讒王諸子各奔餘國及王死無嗣文僞於鄰國迎王子置毒漿中殺之脅國人而自立永和間襲破

日南殺其守夏侯覽以屍祭天屯日南久之梁書曰夏侯覽爲太守侵刻尤甚林邑貪日南地肥沃常欲略有之因民之怨遂舉兵襲日南殺覽以其屍祭天留三年乃還交州刺史朱藩遣劉雄戍日南文復略滅之遣使告藩願以日南北境横山爲界藩不許遣陶緩討之文歸林邑尋復屯日南文死子佛嗣屢爲晉兵所破然亦世爲交南患梁書曰佛立猶屯日南征西將軍桓溫遣滕畯灌邃帥交廣兵討之佛嬰城固守畯盛兵於前邃帥勁卒自後踰壘而入佛衆驚潰追至林邑佛乃請降昇平初復爲寇暴刺史溫放之討破之隆安三年佛孫須達復寇日南執太守霸源又寇九德執太守曹炳交阯太守杜瑗遣鄧逸擊破之即以瑗爲刺史義熙三年須達復寇日南殺長史瑗遣阮斐討破之斬獲甚衆九年須達復寇九眞行郡事杜慧期與戰斬

其息及生俘百餘人自瑗卒後林邑無歲不寇日南諸郡殺傷甚多交州遂致虛弱至孫文敵爲扶南所殺大臣范諸農平其亂自立爲王傳子陽邁宋永初時遣使來貢南史曰陽邁初在孕其母夢生兒有人以金席藉之其色光麗夷人謂金之精爲陽邁若中國云紫磨者因以爲名其後叛服靡常交州刺史檀和之將兵擊之深入其境齊梁亦遍使往來隋時爲大將劉方所破北史曰仁壽末上遣大將軍劉方擊之王梵志乘巨象戰方軍不利方多掘小坑草覆其上與戰僞北梵志逐之其象陷大破之入其郡獲其廟主十八枚皆鑄金蓋其國有十八世方班師梵志復其故地至唐而范始滅國人立其姑子諸葛地

更號環王元和初都護張舟擊走之從國於占占城之名所自始也宋時襲破眞臘文獻通考曰閩人有泛海之吉陽軍者飄至占城見其國與眞臘乘象以戰無大勝負乃說王騎戰教之弓弩騎射王大悅具舟送之吉陽厚齎隨以買馬得數十匹以戰大克後眞臘大舉復讐俘殺殆盡更立眞臘人主之元世祖詔降虎符授榮祿大夫占城郡王即其地立省撫安之然竟負固大軍南討國王戰敗逃遁然不果降

明興

高皇帝賜占城國璽書國王阿荅阿者遣使朝

貢蓋從此始歸款矣四年王爲安南所苦奉表乞賜兵器樂人俾安南知我爲聲教所被不敢輙欺負

上憐之報曰兩國既共內附豈宜擅兵相攻業詔安南無開疆釁兵器不爾吝但以安南故賜爾是助爾搆兵也樂有聲律方言各異中國人不可遣爾國人能習華語者來習肄十六年遣子入賀

聖節永樂改元遣使告諭即位其王占巴的賴

奉金葉表來貢
上使行人蔣賓王樞往報之
賜金綺有差且勑安南毋相侵掠從來請也四
年遣中貴馬彬諭以共伐安南
詔粵東諸將繕兵甲由海道與占城會
賜占城王鍍金銀印他物甚侈王出兵助征廣通
志曰復遣太監王貴通賫勑往勞賜金幣五年奏言克復安南所侵
地獻俘貢方物
上下詔褒美數年間屢遣使來貢悉厚答之至

命中貴彬護其使臣以歸十三年兵部尚書陳洽馳奏初討安南時占城王雖聽命出征然實懷二心愆期不進又以金帛戰象資季擴季擴以黎蒼女遺之復約陳翁挺侵升華府所隷地罪下季擴一等耳請發兵征之上以交阯初平不欲窮兵遠夷遣使諭王歸我侵地其後三年一朝貢詔書亦間往不絕吳惠日記云正統六年奉使占城王遣頭目迎詔笳鼓塡咽旌麾晻靄氎衣椎髻前奔馳至行宮設宴王乘象迓於國門帳列戈戟以羣象爲衛旣宣詔稽首受命上元夜請賞煙火褻沉香燃火樹盛陳樂舞民多裸袒士着苧衣

景泰末王摩訶貴由天順初年弟盤羅悅馳使請封命給事中江彤行人劉寅之持冊往王亦遣使來謝云成化中王茶全爲交趾所破嗣王徙居赤坎邦遣使請封如故事而安南陪臣據其故都詭稱占城王迎詔使臣馮義誤謂眞王也持封冊給之嗣王古來航海奔廣州投訴更以來朝爲辭督臣屠滽命參議姜英覈其事時安南納叛將而助之書中言古來不當嗣滽從僉議謂冊印元有古來名宜王其地具疏以聞

仍移檄安南道之順逆安南亦不敢大肆其狼
噬乃遣官軍二千合東莞商人張宣護送古來
還國弘治十八年古來卒沙古卜洛嗣正德五
年奉詔冊封者給事中李貫行人劉廷瑞也十
二年來朝嘉靖二十一年再至云其俗果于戰
鬭尚釋教王冠三山金花玲瓏冠披錦帔着玳
瑁履腰束八寶方帶出游乘象或黃犢車一人
持檳榔盤前導從者十餘輩各執弓矢刀鏢梁書
曰王著法服加瓔珞如佛像之飾出則乘
象吹螺擊鼓皁吉貝繖以吉貝爲幡旗民望

之膜拜一而止臣菱葉冠男蓬頭宋史曰撮髮爲髻散髮餘髻於後女後椎結居處爲閣名曰干闌門戶皆北向民居茅茨不得踰三尺衣紫衣梁書曰男女皆以橫幅吉貝繞腰以下謂之干漫僧玄黃者論死椰葉爲席以麝塗身山牛不任耕耨但殺以祭鬼令巫祝之曰阿羅和敎他早托生也正月一日牽象周行所居之地然後驅逐出郭謂之逐邪四月游船十一月望日爲冬至所部各獻方物十二月望日城外縛木爲塔以衣服香藥置塔上焚之祭天釀

酒甕中倏熟賓主繞甕坐筒而吸且吸且注水
味盡而止星槎勝覽曰非至午不起非至子不睡見月則歌舞爲樂無紙筆
以羊皮搥薄削竹爲筆蘸白灰書字南史曰書樹葉爲紙
或擊鼓以警衆或吹蠡以即戎古稱歲時採生
人膽入酒飲之又以浴身謂之通身是膽也嫁
娶必用八月女先求男同姓還相婚姻使婆羅
門引壻見婦握手相付囑曰吉利吉利北史曰婚嫁令媒者齎金銀釧酒二壺魚數頭至女家於是擇日夫家會親賓歌舞相對女家請一婆羅門送女至男家壻盥手因牽女授之
喪用火葬以器乘餘骨沉之隋書

日王死七日而葬百官三日庶人一日皆以國盛屍鼓舞導從輿至水次積薪焚之收其餘骨王則内金甖中沉之於海有官者以銅甖庶人以瓦從之於江男女皆截髮隨喪至水次盡哀而止歸則不哭每七日然香散花復哭盡哀盡七七而罷 王在位三十年即入山茹素受戒曰我不道當充虎狼食或病死從此國事不得復相關傳子攝國朞年得無恙復入爲王國人呼爲芳遯馬恰剌札焉 唐書曰呼王爲陽灡王妻爲陀陽河熊大子爲阿長迪宰相爲婆漫地○淸書曰龠官有二其一曰西那婆帝其二曰薩婆地歌其屬官三等其一曰倫多姓次歌倫致地次乙他伽蘭外官分爲二百餘部其長官曰弗羅次曰可輸如牧宰之差也

形勝名蹟

金山在林邑故國梁書曰石皆赤色其中生金金夜則出飛狀如螢火**鵶侯山**元史曰唐人曾延來言國主逃於大州西北鵶侯山聚兵三千餘集他郡兵未至不日將與官兵交戰諜者云國主實在鵶侯山**不勞山**在林邑蒲外唐書曰有罪者使象踐之或送不勞山令自死**赤坎山**占城王為交阯所逼徙居于此**伽倆貌山****區粟城**南齊書曰區粟城建八尺表日影度南八寸**木城**元史曰官軍依海岸屯駐占城兵治木城西面約二十餘里起樓棚立回回三梢砲百餘座又木城西十里建行宮**半山塔**元行省常屯兵于此**羅灣港口**卽占城

物產

金 即金山所出者南齊書曰金汁流出於浦事乙乾道鑄金銀人像大十圍 **銀** 元史曰遣其舅奉國王信物大銀三錠小銀五十七錠碑銀一甕爲質歸款又獻金葉九節標槍曰國王病未能進先使持其槍來以見誠意 **錫** 見吾學編 **鐵** 見宋史 **寶母** 原化記魏生得一美石有胡人見之曰此寶母也每月望設壇海邊置石其上可得美珠一統志載爲占城產 **澄水珠** 宣室志曰嚴生得一珠胡人云此清水珠置濁流則渙然澄澈一統志載爲占城產 **火珠** 舊唐書曰范頭黎獻火珠大如雞卵圓白皎潔光照數丈狀如水精正午向日以艾蒸之則火燃 **琥珀** 華夷考曰林邑多琥珀琥珀在地其上及傍不生草木深者或八九尺大如斛削去皮成焉初如桃膠凝成乃堅 **水精** 一名水玉太康四年林邑王獻紫水精唾壺一口青白水精唾壺二口 **貝齒** 本草曰貝子一名貝齒生東海梁書云占

城所出

菩薩石周顯德中入貢談苑曰色瑩白若水晶類曰光射之有五色如佛頂圓光

犀角夷人謂之黑暗宋及本朝充貢吾學編曰占城犀角象牙最多犀大者八百斤獨角在鼻端長者可尺五寸

象牙夷人謂之白暗宋及本朝充貢

瑇瑁見梁書

奇楠香諸國出者惟占城為佳本朝充貢星槎勝覽曰棋楠香在一山所產酋長禁民不得採取犯者斷手足吾學編名伽南香

沉香梁史曰沉木香者土人斫斷積以歲年朽爛而心節獨在置水中則沉故名沉香

檀香佛家謂之旃檀宋及本朝占城以之充貢圖經曰檀香凡數種有黃白紫之異古今註曰紫旃木出林邑亦謂紫檀也

龍腦香酉陽雜俎云樹高八九丈可六七尺圍葉圓而背白樹有肥瘦形似松脂作杉木氣乾脂謂之龍腦香清脂謂之波律膏

麝香唐書曰以麝塗身日再塗再潫華夷考曰似麞而小其香

正在陰前皮內別有膜裹之春分取之生者益良一說香有三種第一麝食蟲多至寒香滿入春患急痛自以爪剔出之落處草木皆焦其次臍香乃捕得殺取者又次心結香麝被獸逐狂走顛墜崖谷而斃破心見血流出作塊者是

乳香 宋時充貢廣志曰即松木脂有紫赤如櫻桃者名乳香蓋薰陸之類也香譜云今以通明者爲勝

降眞香 本朝充貢本草曰和諸雜香燒煙直上天召鶴盤旋於上

丁香 宋時充貢本草註曰樹高丈餘淩冬不凋葉似櫟而花圓細色黃子如丁長四五分紫色中有粗大長寸許者呼母丁香擊之則順理而拆

薔薇水 周時入貢宋史曰灑衣經歲香不歇俗呼爲薔薇露

猛火油 周時入貢宋史曰得水愈熾國人用以水戰

吉貝 梁書曰樹名也其華成時如鵞毳其緒紡以作布亦染成五色織爲班布

朝霞布 唐書曰王妻服朝霞又貞觀時以之充貢

絲紋

布見宋史　白氎布宋史曰無絲蠶以白氎布纏其胃垂至於足　貝多葉簟貝多葉長一尺五六寸闊五寸許葉形似琵琶而厚夷人以此書字者也織以爲簟宋時占城充貢　明角　烏角　黃蠟見宋史　硫黃陶隱居云出林邑色如鵞子初出殼名崑崙黃　蘇木見宋史本朝充貢　烏樠木見宋史本朝充貢星槎勝覽曰烏木降香樵之爲薪　觀音竹吾學編曰如藤長丈八尺色黑如鐵一寸二三節　穀宋史曰每歲稻熟王自割一把從者及婦女競割之今漳人所有占粟即占城種也　燕窩華夷考曰海燕大如鳩春回巢於古巖危壁葺壘乃白海菜也島夷伺其秋去以脩竿接鏟取而鬻之謂之燕窩爲宴品珍之　胡椒宋時入貢　檳榔唐書曰取檳榔瀋爲酒宋時入貢　椰南方其物狀曰昔林邑王與越王有故怨遣俠客刺得其首懸之於樹俄

化爲揶子林邑王憤之剖爲飲器南人至今效之當刺時趣王大醉故其漿如酒云

波羅蜜 瀛涯勝覽曰占城有果曰波羅蜜狀如冬瓜皮似荔枝內有黃肉大如鷄子味甘如蜜中有子似鷲腰子炒食之味若栗

海梧子 南方草木狀曰樹與中國松同但結實絶大形如小栗三角肥甘樽祖間惟果也出林邑

茴香 圖經曰蘹香子亦名茴香交廣諸番出八藥用番舶者花頭如傘蓋結實如麥而小青色宋時占城入貢

華澄茄 本草經曰生佛誓國似梧桐子及蔓荊子微大亦名毗陵茄子按宋史占城王爲交州所攻奔于佛逝郎占城屬國也

荳蔻 見宋史按宋史載占城所產又有甘蔗蕉子蓮子麻豆之屬兹不具悉

犀 林邑記曰犀行過叢林不通開口露齒前向棘林自開周顯德中占城獻雲龍形通天犀

獅 說文曰虓獅子也爾雅曰狻猊如虦猫食虎豹宋史占城傳曰民獲獅象皆輸於王

象

酉陽曰環王國野象成羣一牡管牝三十餘國人養馴者可令代樵

猩猩 見唐書

白猿 梁天監九年來獻

白雉 援神契曰周成王時越裳獻白雉

秦吉鳥 唐會要曰林邑國有結遼鳥謂之吉了能人語華夷考曰如鸜鵒黑色丹咮目下連頂有深黃文頂毛有縫如人分髮能言比鸚鵡尤慧大抵鸚鵡如兒女吉了聲則如丈夫

鸚鵡 山經曰青羽赤喙人舌能言名曰鸚鵡舌似小兒脚指前後各兩指南徼外出五色者舊唐書曰林邑獻五色鸚鵡太宗異之詔李百藥爲賦又獻白鸚鵡精識辨慧善於應答太宗憫之並付其使令放還於林藪

山雞 異苑曰山雞愛其毛映水則舞傳玄賦曰惟南州之令鳥兼坤維而體珍徵黃中之正色敷文象以飾身古城宋時入貢

歸飛 水經註曰林邑城外香桂成林氣清滄煙時禽異羽翔集間關兼比翼鳥不見不飛鳥名歸飛鳴聲自呼愈盆期與韓豫章賤

曰其背青其腸赤丹心外露鳴情未達終日歸飛飛不十千路有萬里何由歸哉

龜宋史曰官無資俸但給龜魚充食

交易

貿船抵岸獻果幣于王王設食待之國人狠而狡貿易往往不平故往販者少或謂取人膽者非止獻王王亦以供象洗目伺人于道乘其不意斫殺之取膽以去若彼人驚覺則膽破不中用矣置衆膽者瓮中華人膽輒居上故必取華人膽爲貴五六月間商人出必戒嚴

暹羅 六坤

暹羅在南海古赤土及婆羅剎地也以赤土故後人訛爲赤眉遺種隋大業二年募能通絕域者屯田主事常駿等自南海郡乘舟使赤土宣詔畢爲奏天竺樂曰今是大國臣非復曩赤土國矣以鑄金爲多羅葉隱起成文爲表金函封之遣子隨駿還報此通中華之始也隋書曰王遣船三十艘來迎進金鏁以纜駿船月餘至都遣子那邪迦送金盤貯香花并鏡鑷金合二枚貯香油金瓶八枚貯香水白疊布四條擬供盥洗其日那邪迦又將象二頭持孔雀蓋以迎并致金花金

盤以藉詔函男女百人奏蠡鼓婆羅門二人導路至王宮駿等奉詔上閣王以下皆坐宣詔訖引駿等坐奏天竺樂事畢駿等還館遣婆羅門就館送食曰飲食疎薄願大國意而食之後數日召駿等入宴前設兩牀牀上並設草葉盤方一丈五尺上有黃白紫赤四色之餅羔羊魚鼈蝳蝟之肉百餘品延駿升牀從者坐於地席各金鍾置酒女樂迭奏禮遣甚厚尋遣那邪迦隨駿貢方物幷獻金芙蓉冠龍腦香 唐貞觀時婆利羅剎與林邑使者偕來 唐書曰婆利東郎羅剎也常駿使赤土遂通中國 其後分爲暹邏與羅斛二國暹瘠土不宜耕稼羅斛土平衍而稼多獲暹取給焉元元貞初暹遣使入貢賜來使素金符佩之 元史曰元貞元年暹進金字

令婆羅門以香花奏蠡鼓送之

表欲朝廷遣使至其國比表至已先遣使盍彼未之知也使急追詔使同往以暹人與麻里予兒舊相讐殺至是皆歸順有旨諭暹人勿傷麻里予兒以踐爾言　大德三年暹國主上言父時朝廷嘗賜鞍轡白馬及金縷衣乞循故事以賜帝以丞相言彼小國而賜馬恐其隣忻都輩譏議朝廷竟賜金縷衣不錫以馬迨至正間暹降羅斛遂稱暹羅斛洪武四年國王叅烈昭毗牙遣使奉金葉表來朝七年使臣沙里拔繼至自言奉命來王去秋八月壞舟烏豬洋漂至南海所餘貢物僅蘇木降香兜羅錦

來獻不敢自外於包茅
上詢其無表詭言舟覆而方物獨存必番商也
郤之詔中書禮部曰古者中國諸侯比年一小
聘三年一大聘九州之外則每世一朝所
貢方物不過表誠敬而已高麗稍近中國頗有
文物禮樂與他番異是以命依三年一聘之禮
其他遠國如古城安南西洋瑣里爪哇浡泥三
佛齊暹羅斛真臘等處新附國土入貢旣頻勞
費甚大朕不欲也令遵古典不
必頻煩其移文使諸國知之　九年國王哆囉
祿遣其子昭祿羣膺貢象及方物下
詔褒諭賜暹羅國王印自是始稱暹羅從
朝命也二十年再貢二十八年哆囉祿遣中

使趙達往祭兼賜嗣王昭祿羣膺及妃綺帛氊
布有差永樂元年遣使賀
即位二年表貢方物遣中使李興往勞賜文綺
鈔帛四年貢使嗣至表乞量衡式許之并賜古
今列女傳是秋國王遣使與琉球脩好遭風漂
冊入閩守臣籍記方物以請
上謂李至剛曰屬夷締盟美事也朕豈有利焉
鄉有善人猶能救人於危況
朝廷統御天下哉令有司給粟俟便風導之去

李振刻

七年使凡兩至首春以祭

仁孝皇后秋九月更脩職貢厚報之時南海叛

民何八觀等屯聚島外竄入暹羅至是使歸兼

諭國王毋爲逋逃主八年貢使附送八觀等還

降

勅嘉美十年冬貢復至十三年昭祿群膺殂子

三賴波磨札剌的賴嗣暹羅於蒲剌加夙鞭箠

使之徵輸惟命然猶歲歲開兵隙十七年

詔暹羅國王俾與滿剌加平十八年貢又至遣

中使楊敏護其使還國并報禮王十九年春奉表謝侵滿剌加之罪七月貢如常儀蓋是歲使又兩至云二十一年貢至賜鈔幣如禮其後著令三載一貢至成化間汀州士人謝文彬者以販鹽下海飄入暹羅因仕其國後充貢使至留都遇從子瓚于途爲織錦綺貿易事覺下吏竟遣歸然成化後大率六年一貢矣嘉靖三十二年使至貢白象及方物途中白象已斃遺象牙一枝使者以珠寶飾之置金盤內并貯白象尾

毛爲信廣志曰象牙一枝長八寸首尾廂金起
花牙首大五寸七分廂石榴子十顆中
廂珍珠十顆寶石四顆尾
大二寸廂金剛鑽一顆
上嘉其意而禮遣之隆慶初年東蠻牛俗名放沙求
婚暹羅暹羅拒之嘜東蠻牛恚甚統沙外兵圍
暹羅破之王自經死虜其世子及中朝所賜印
以歸次子攝國奉表請印曰暹羅部領數十國
非
天朝印不得調兵
上命給予時鄭汝璧爲禮部郎自內閣不知印
文云何閣臣曰第鑄暹羅國王印予

之可耳鄭曰國初受封未必即稱王且篆文尺寸或有未合於彼不便彼所存公移舊印文固嗣取印文至則都統使印也遍考諸書國王印在也宜檄粤東撫臣往取循以給之內閣曰然是永樂所賜而耳目刺謬若此豈先朝佯爲駕御之術耶抑邇來在事者因更給而故殺其權耶存之以俟知者暹羅既敗其後頗爲東蠻牛所制嗣王整兵經武志在復讎萬曆間東蠻牛復來寇嗣王引兵迎擊之殺其子東蠻牛宵遁不敢復窺暹羅暹羅新雄海外遂移軍攻眞臘眞臘降從此年年用兵遂霸諸國矣比倭寇朝鮮部議遣材官諭諸屬國率夷兵攻夷暹羅願領所部

前驅自効經畧都御史宋應昌以聞會倭酋死遯去不果行焉其土下濕氣候嵐熱不齊民悉樓居樓密聯檳榔片藤繫之甚固藉以藤席竹簟寢處其間王宮高九丈餘以黃金爲飾雕縷八卦備極弘麗隋書赤土傳王居有門三重每門圖畫飛仙菩薩之狀懸金花鈴旄王宮諸屋悉是重閣北戶北面而坐坐三重之榻王榻後作一木龕以金銀五香木雜鈿之龕後懸一金光燄夾榻又樹二金鏡前並陳金甕金鑪當前置金伏牛前樹一寶蓋左右皆有寶扇然則今之暹羅猶畧祖其華靡也諸酋見王禮制甚肅望門自拜膝行乃前王與國人白布纏首被服長衫

腰束斑絲幔王獨加以錦綺跨象或乘肩輿尚釋敎國人効之赤土傳曰其俗敬佛百金之產便以其半施佛婦人多智丈夫事無大小悉歸與婦計之聽其裁決婦見華人慕悅之置酒款接留宿酣狎以爲常夫不能禁也吾學編曰男悅歎珠玉貴者鞔金盛珠行鏗然有聲婚則群僧迎婿至女家僧取女紅帖男額以爲吉祥喪禮以水銀灌之瘞于高埠叠塔其上貧家鳥葬耳以礬若製紙施煙粉爲白黑田平而沃稼穡豐熟其俗勁悍善水戰星槎勝覽曰削檳榔木爲標鎗

水牛皮爲牌 大將多用聖鍥裹身刀矢不能入藥鏃等器 方言謂天爲鐕賴地爲佃因日爲脈月爲晚官制凡九等

聖鍥者人腦骨也

一曰握啞往二曰握步剌三曰握嚌四曰握悶六曰握文七曰握板八曰握郎九曰握救坤文則使臣在館教習譯字生者

形勝名蹟 其國有款細彎細辭滑沽奔諸府皮細祿倒腦細可刺諸司

大蜎山在王宮後 筆架山三峯接連如筆架狀 黎頭山 竹嶼

椰樹灣 黃河水 水自五月一派從海中來漸而漲田其地四月挿苗苗隨水漲而發水漸高苗亦漸長遂至六七尺張以九月始退退則稻熟可收田得水而肥其米純白隣壤多取給焉 三寶港是港無鱷魚 金城在王宮 金塔在殿

內其中金佛無數高七八尺小一二尺

三關其一爲程盡所轄其二爲本夷所轄其三爲佛郎機日本所轄

錫門華人出入必經之處鄭和爲建卓楔扁曰天竺國

禮拜寺永樂間鄭和所建寺甚宏麗佛高與屋齊

三寶廟在第二關祀太監鄭和

西塔其塔無合尖聞夷人初建塔功成鄭和令削去之後屢緝不能就

物產

珠徐衷南方狀曰採珠用五牲祈禱若祠祭有失則風攪海水或有大魚在蚌左右海賈云中秋有月是歲多珠

珊瑚圖經曰生海底作柯枝狀明潤如紅玉海中經曰取珊瑚先作鐵網沉水底珊瑚貫中而生歲高三二尺絞網出之皆摧折在網中故難得完好者今一統志云以絲繩繫五爪鐵貓兒用黑鉛爲墜擲海中取之亦其遺法也本朝充貢

琥珀博物

志曰松脂淪地中千年化爲茯苓又千年化爲琥珀

猫精石 寶貨辨疑曰猫精出南番酒色潤如指面大者愈大愈好

寶石 華夷考曰錫蘭高山參天頂產青美藍石黃雅鶻石青紅寶石每遇大雨衝流沙中拾取之暹羅本朝充貢

金剛鑽 抱朴子曰金鋼生水底石上如鍾乳狀體如紫石英没水取之鐵擊不能傷華夷考曰金剛砂出深山高頂人不可到乃鷹隼打食卻於野地上鷹糞中獲得以其能鑽定器名金剛鑽

犀角 本朝充貢

象牙 本朝充貢

翠羽 本朝充貢

玳瑁

龜筒 嶺表錄異曰人立背上可附而行取殼以生得全者爲貴初用木楔出其肉楚毒鳴吼如牛古人謂生龜脱筒指此工人以其甲通明黃色者煮拍陷瑇瑁爲器謂之龜筒

花錫 爾雅錫謂之鈏

鉛 地鏡圖曰草青莖赤秀下有鉛

羅斛香 一統志曰味極淸遠亞於沉香本朝充貢

檀香 葉廷珪香

譜曰皮實色黃者爲黃檀皮潔色白者爲白檀皮腐色紫者爲紫檀並堅重淸香白檀尤良

乳香 佛書謂之天澤香言其潤澤也又謂之伽羅香

降香 本朝充貢俗呼舶上來者爲番降

片腦 華夷考曰產暹羅諸國高二三丈皮理如沙椰腦則其皮間凝液也烏夷以鋸付犹蒞谷中尺斷而出剝採之有大如指厚如二靑錢者香味淸烈瑩潔可愛謂之梅花片腦至中國擅翔價焉復有數種其次耳本朝充貢

薔薇水 華夷考各酴醾露曰海國所產天氣淒寒零露凝結着他草木乃水澌木稼殊無香韻惟酴醾花上瓊瑤晶瑩芬芳襲人若甘露焉夷女以澤體髮賸香經月不滅暹羅尤特愛重競買罌不論值

兜羅綿 瞿曇大曰兜羅綿刀矢不能入

明角

烏角

[illegible] 兒星槎勝覽

阿魏 酉陽雜俎曰樹長八九尺皮色靑黃斷其枝汁出如飴名阿魏海上耳談謂傳之暹羅商云樹如棘

叢生刺若蝟毛春秋初麞麂孳遂往奔著樹輒死地產大蟻壅泥沙綴之成封垤夷人乃以竹筒作筧射蟻中筒滿成藥彼中食料以此爛物如飽肆志臭按唐本註曰性極臭而能止臭亦奇物也

獺皮

蘇木 古學編曰暹羅蘇木賤如薪色絕勝本朝充貢

夷箍 以夷泥為之俗名于栝夏月貯水可以不敗

大風子 本草釋名曰能治大風疾故名

紫梗 本草名紫鉚蘇恭曰紫色如膠作赤麖皮及寶鈿用為假色亦以膠寶物云蟻於樹藤皮中為之如蜂造蜜吳錄所謂赤膠

沒藥 圖經曰海南諸國有之根株如橄欖葉青而密歲久者膏液流滴地下凝結成塊一統志曰樹高大如松皮厚一二寸採時掘樹下為坎用斧伐其皮脂流於坎旬餘方取之本朝充貢

血竭 本草名騏驎竭物如乾血故名血竭南越志云是紫鉚樹之脂也欲驗真偽但嚼之不變如蠟者佳

孩兒茶 本草綱目名烏爹

泥曰出暹羅諸國是細茶末入竹筒中堅塞兩頭埋污泥滿中日久取出搗汁熬制成塊小而潤澤者爲上大而焦枯者次之

蓬達奈 華夷考曰華言破肚子蓋果實也產於暹羅之㶊蘢如大棗而青島夷乾以附遠漬以沸汁其皮自脫圓滿如大李肉潤膩甘美可啖

檳榔

椰子酒 方輿勝覽曰四夷中酒暹羅爲最

犀 埤雅曰犀有四輩紋如柰椐或如狗鼻者上點犀無文環犀紋旋特犀紋細

象 埤雅曰象牙久識能浮水出沒惟鼻是其本肉膽不附肝隨月轉在諸肉鼻端有小爪可以拾鍼暹羅本朝充貢

鶴頂 楊用脩載劉安期曰鶖鶬水鳥黃喙長尺餘焉南人以爲酒器即今之鶴頂也○按華夷考海鶴大者脩頸五尺許翅足稱是吞常鳥如啖魚鱗晝啄于海暮宿叢谷間島夷以小鏢伏於鶴常宿所剌之平且有獲五六頭者剝其頂售于瑚估見至閩廣價等金玉○又南番大海中

有魚頂中魫紅如血名鶴魚以爲帶號鶴頂紅有人在其遠宮處見其鶴頂紅帶云是鶴頂剪碎夾打而成

孔雀本朝尾充貢

鸚鵡異物志曰行則以口啄地然後足從之忌以手摸其背犯者即不飲啄而卒故圖贊云鸚鵡慧鳥棲林啄蕊四指中分行則以嘴

六足龜大明會典云暹羅獻六足龜

白鼠見吾學編

六坤暹羅屬國也風土與暹羅盡相類第六坤地故産椒是暹羅所無

交易

賈船入港約三日程至第三關舟至則攬者飛報于王又三日至第二關又三日至佛郎日本

闕所至闕輒聽與其近地交易不必先詣王也旣至王城以幣帛橙橘之類貢王然王深居不得見其俗以海貝代錢是年不用貝則國必大疫故相沿不改貝即今螺巴星槎勝覽云每一萬准中統鈔二十貫貿易輸稅各有故事國人禮華人甚摯倍于他夷眞慕義之國也

論曰林邑夙通中華居然雄國暹羅自赤土攀隋亦便有衣被震旦意

明興內附洗沐雲油占城見苦交人則屢詔銷

其鋒暹羅躪踩蒲剌加則十行折其鋭蓋莫不義畏而仁懷焉然占城從征而有二心於交暹羅當海內清夷輒請遣子入學當屬國雲擾又請助戰擒倭夫固二國之優劣也

東西洋考卷之三

西洋列國考

下港 加留吧

下港一名順塔唐稱闍婆在南海中者也一名訶陵亦曰社婆元稱爪哇（一統志又名蒲家龍）甲兵爲諸番之雄王宮磚墉高三丈方三十餘里屋高四丈（宋史曰室宇壯麗飾以金碧）地覆板蒙藤花蓆踟趺而坐（唐書曰象牙爲床若蓆）王蓬頭頂金葉冠臂縈欵絲帨腰東錦綺佩短刀跣足跨象或乘牛前導有金鑣

珠篋及孔雀尾傘之屬宋史曰其王椎髻戴金鈴衣錦袍躡革履坐方牀官吏日謁三拜而退出入乘象或腰輿壯士五七百人執兵器以從國人見王皆坐俟其過乃起云宋史曰王子三人爲副王官有落佶連四人其治國事娜寺相無月俸隨時量給衣有文吏三百員日爲秀才掌文簿總計財貨又有卑官千員分主貯濫帑藏及軍卒其領兵者每年歲給金十兩勝兵三萬亦給金有差民居茅茨磚廬男蓬頭女椎結衣裝纏胸以下姻聘無媒妁但以黃金爲禮將婚男造女家後五日迎婦以牛車載綵棚實綉女其中又作假新人新婦一雙雜東相類迎向禮拜寺訂盟然後攜家其

俗有名而無姓五月遊船十月遊山方輿勝畧日舟月望
夜前後婦數十人聚衆成隊一婦為首衆婦隨
行月下首婦唱則衆婦皆和至親友富貴家贈
以紗帛等物舟十月有竹槍會其國王及妃各
乘一車至會所令男子二人為偶各執竹槍妻
各執短木列其旁及交敵一合妻各以短木隔
之曰那剌那剌則退設中槍死王令勝者與死
者金錢一個死者妻即隨勝者而去樂有橫笛鼓板自為夷舞謠
妻即隨勝者而去
所謂大平闍婆之徵也元史曰多出奇寶取貴於中國人則醜椎情性
語言與中國不能相通病不服藥但禱佛祈禳喪有水葬
火葬犬葬惟遊者所欲而已生子甫一歲以匕
首佩之名曰不剌頭俗云吧六頭金銀象牙雕琢為

靶無貧富悉佩腰間偵忿爭即拔刃相刺國人居相語曰病死天之所厭不若刺死者身自爲雄也其輕命捐生類如此劉宋元嘉時始入中國南史曰元嘉十二年國王師黎婆達阿陁羅跋摩遣使奉表曰宋國大主大吉天子足下敎化一切種智安隱天人師降伏四魔成等正覺轉尊法輪度脫衆生我雖在遠亦霑靈潤至唐貞觀中遣使入貢唐書曰王居闍婆城其祖吉延東遷於婆露伽斯城旁小國二十八莫不臣服上元間國人推女子爲王號悉莫威令整肅道不拾遺大食君聞之齎金一囊置其郊行者輒避如是三年太子過以足躪金

悉莫怒將斬之群臣固請悉莫曰而罪實本於足可斷此羣臣復爲請乃斬指以徇大食聞而畏之不敢加兵大曆元和咸通之間使者屢至朝命優荅之唐書曰大曆中訶陵使者三至元和八年獻僧祇奴四五色鸚鵡頻伽鳥等憲宗拜內四門府左果毅使者讓其弟帝嘉美並官之訖大和再朝貢咸通中遣使獻女樂至宋淳化三年其王穆羅茶遣使來貢云中國有眞主本國願得比於外臣宋史曰先是朝貢使泛舶船至明州定海縣掌市舶監察御史張肅先驛奏其使飾服之狀與嘗來入貢波斯相類譯者云今主舶大商毛旭者數往來本國因假其鄉導來朝貢又言其國王一號夏至馬囉夜王妃曰落

育婆婆剌又其方言目船主為勃荷主妻曰勃荷比尼贖其船中婦人名眉珠椎髻無首飾以蠻布纏身顏色青黑言語不能曉拜亦如男子膜拜一子頂戴金連鎖子手有金鈎以帛帶縈之名呵嚕使還賞賚甚厚大觀三年再貢詔禮之如交阯元遣史弼高興征之終不能制元史曰世祖撫有華夷其出師海外諸番者惟爪哇之役為大

我朝洪武二年遣行人賜爪哇國璽書三年王昔里八達剌遣使奉金葉表貢方物及黑奴三百人納元所授宣勑二道已而我使至三佛齊爪哇要而殺之宋史曰其國與三佛齊有仇怨互相攻戰十三年王

八達那巴那務來貢

上絕其使下詔責王永樂元年西王都馬板奉

表賀即位二年東王孛令達哈遣使朝貢請印

與之西王亦歲歲貢使來朝五年西王與東王

戰滅東王時我舟適東王城西王殺我百七十

人西王懼遣使謝罪

勅責西王令償死者金六萬已僅入貢萬金禮

官請索如約

上曰朕利金耶令遠人知畏耳蠲其金賜鈔幣

諭之八年貢馬及方物十一年復貢是時三佛齊已降爪哇更名舊港中貴人吳賓使爪哇還奏言淸刺加國王詭稱朝旨從爪哇索舊港地爪哇人不敢卽寍

上降勑附來使慰諭之俾無猜惑十三年都馬板更名楊惟西沙專使謝恩十六十九年凡再貢而東王久不至蓋先是爲西王所破詭言欲立其子十意竟不果而遂滅也正統二年再貢厚賜之景泰時請封賜莽衣織蓋天順四年王都

馬班貢使還國以綵幣賜其王及妃鄭端簡謂其國人大抵三種唐人土人而外西番賈胡居久者服食皆潔近紅毛番建禮拜寺彼中蓋其別種由來漸矣

加留吧下港屬國也半月程可到風土盡相類云

形勝名蹟

新村舊名厮村中華人客此成聚遂名新村約千餘家村主粵人也賈船至此互市百貨充溢

西山中有人三百餘歲身穿紙衣卧樹上辟穀能知吉凶呼爲老仙

覆鼎山

其上似釜故云

蘇魯馬益 港傍大洲林木蔚茂千餘家强半是中國人又有長尾猿數萬人相傳唐時族衆兇惡一日有僧至其家取水噀之俱化為猿止留一嫗不化至今餘種猶存

蘇喏巴歇村 元史爪哇傳曰由戎牙路於麻喏巴歇浮梁前進又葛郎王追殺至麻喏巴歇後人訛為滿者伯夷中有二三百家總領七八人

漳估山 賈人登岸之處

郎卑野州 唐書曰王嘗登之以望海夏至立八尺表景在表南二尺四寸

鸚鵡山 出鸚鵡故名

石碇 相傳是鄭和所遺者重只百斤二千餘人擡之不動及徙置他所瘟疫甚多國王乃移還其處

吉利門 元史曰大軍繼進吉利門

闍婆城 唐書訶陵傳王居闍婆城

婆露伽斯城 唐書吉延東遷處旁國二十八莫不臣服

淡水卷 去蘇魯馬益二十里

物產

金

銀唐書曰出黃白金

眞珠宋史闍婆傳曰方言謂眞珠爲沒爺蝦羅宋及本朝皆充貢

犀角宋史曰方言謂犀爲低密其角宋及本朝充貢

象牙宋史曰方言謂牙爲家囉宋及本朝充貢

玳瑁宋時充貢

沉香宋史曰方言謂香爲崐燉盧林

檀香宋及本朝充貢

丁香生深山中樹極辛烈不可近熟則自墮雨後淇潦漂山丁香乃湧澗溪而出撈拾數日不盡宋時充貢

銅鼓即今華人所用者諸國以瓜哇爲最振響遏雲價直可數十金

龜筒本朝充貢

絞布宋史有繡紋絞雜色絲絞本國充貢

吉貝見宋史

藤花簟宋時充貢

硫黃見宋史

紅花習鑿齒所謂紅藍者也爾雅翼曰花生時但作黃色茸茸然故又名黃藍杵灌水淘絞去黃汁更擣以清酸

粟漿淛之緞如初即收取染紅夷籬下港出者其色紅蘆薈本草曰一名訥會一

名奴會俗呼象膽以味苦如膽也一統志曰草屬狀如鸞尾採之以玉器搗研成膏阿魏

一統志曰土人納竹筒樹梢脂滿其中冬破筒取脂或曰脂毒人不敢近繫羊樹下自遠射之

毒着羊羊斃即為魏胡椒樹如蒲桃葉如扁豆實如浮蓁子蔓生梧桐上故國人語曰末

種依先種桐青鹽唐書曰訶陵最富有穴自湧鹽按魏地記鹽大而青白名青鹽也

木瓜爾雅謂之棶何承文賦所謂方朝華而繁實比沙棠而有羅者也宋史載為爪蛙所

茋積椰見宋史椰子舊唐書曰以椰樹花為酒其樹生花長三尺餘大如人腦

割之取汁成酒味甘飲之亦醉蝦蟓丹樹宋史曰其酒出於椰子及蝦蟓舟樹蝦蟓

冊樹華人未嘗見波羅客蓽澄茄一統志曰藤蔓春花夏實白而實黑

蕃吉柿華夷考曰如石榴樹皮厚潤有橘囊樣白肉四塊甘酸可食出爪哇國夷人呼爲縮滑赤白荳蔻本朝充貢海菜海物異名記曰海生而紫蔓其大者爲鹿角菜一名猴葵南越考曰猴葵色赤生石上謂之鹿角以其莖有岐也故名思君似婆羅蜜而中無子烘食之似芋苞香見宋史蘇木南州記云生海畔葉似絳木若女貞犀象見宋史白鹿見吾學編猴宋史曰國中多猴不畏人呼以霄霄之聲即出投以果實則二大猴先至土人謂之猴王猴夫人食畢羣猴食其餘孔雀本朝充貢博物志曰尾多變色喻如雲霞人拍其尾則舞尾有金翠五年始成鸚鵡埤雅曰衆鳥足趾前三後一其目下瞼眨上惟鸚鵡四趾齊分兩瞼俱動雅翼曰五色尤慧白次之青爲下按白者闍婆宋時充貢傾伽鳥唐時人貢倒掛鳥星槎勝覽曰身形如鸚而

翎五色日間焚香則收藏之翎翼間夜則張尾翼而倒掛以發香綠鳩似鸚鵡而小不復能言俗名桐掛鳥其五彩者名彩鳩

交易

華船將到有酋來問船主送橘一籠小雨傘二柄酋馳信報王比到港用果幣進王立華人四人為財副番財副二人各書記華人諳夷語者為通事船各一人其貿易王置二澗城外設立鋪舍宋史闍婆傳曰中國賈人至者待以賓館凌晨各上澗貿易至午而罷王日徵其稅又有紅毛番來下港者起

土庫在大澗東佛郎機起土庫在大澗西二夷俱哈板船年年來往貿易用銀錢如本夷則用鉛錢以一千爲一貫十貫爲一包鉛錢一包當銀錢一貫云下港爲四通八達之衢我舟到時各州府未到商人但將本貨兌換銀錢鉛錢迨他國貨到然後以銀鉛錢轉買貨物華船開駕有早晚者以延待他國故也

東埔寨

東埔寨即古真臘國也其國自呼甘孛智後訛

為甘破蔗今云柬埔寨者又甘破蔗之訛也風土記云西番經名其國曰澉浦只蓋甘孛智之近音先為扶南屬國王姓剎利氏至質斯多那兼扶南而有之遂雄諸夷既死子伊奢那先代立隨大業十三年遣使貢獻帝禮之甚厚至唐驅土寖闢神龍以來國分為二北多山阜號陸真臘南近海號水真臘久之仍合為一今賈舶至者大都水真臘地也宋政和六年使者來貢賜朝服服之宋史曰奉化郎將鳩摩僧哥等十四人來貢賜以朝服僧哥言萬里遠國仰投聖化尚拘卉服未稱區區嚮慕之誠願許

服所賜從之仍以其事付史館明年辭去宣和二年詔封其國王與占城等建炎間以郊恩授王檢校司徒加食邑其國屢與占城戰戰失利至建元時大舉復仇破占城遂王其地改國號占臘蓋於是地方七千餘里矣元之置省占城也嘗遣一虎符一金牌同往眞臘爲所拘執元貞中始招諭賓服之

明興國王保見邪嚴琛內附二十年七月行人唐敬還自眞臘王遣使貢象五十九頭香六萬

勅永樂改元遣使者

諭即位二年八月國王恭烈婆毘牙遣陪臣九人來貢賜鈔幣有差先是中貴人奉使彼中將歸有從兒三人夜遁去索之不得其王以國中三夷人充數還朝旣引見

上曰華人自遯何與彼事而責償之過且若輩語言不通風土殊隔將焉用此而令背井離鄉之爲顧命禮部給道里費遣之尚書李至剛曰臣意華人必不甘逃遯彼土或爲彼所匿則

此三人於法應留

上曰何須逆詐人主但推天地之心以待遠人可也三年叅烈婆毘牙殂命鴻臚王孜往祭之封其子叅烈昭平牙爲王賜綵幣七年奉金鏤表貢馴象及方物景泰三年再貢王城周圍可二十里城上石佛頭五餙其中者以金王宮及府第皆面東宮殊壯麗風土記曰蒞事處有金窻櫺左右方柱上有鏡四十八面列於窻旁王三日一視朝坐七寶牀上着朝霞吉貝瞞絡腰腹下垂至脛頭戴金寶花冠足履

髻裹耳懸金鐺嘗服白氈風土記曰男女椎髻以布圍腰出入則加以大布圍小布之上惟國主打純花布頭戴金冠有時穿茉莉之類周匝髻間項上戴大珍珠三月許手足及指上皆帶金鐲指展上嵌猫睛石手掌用紅藥染赤色臣入見王稽首階下者三王呼上階則跪以兩手抱膊遶王環坐議國事訖跪伏而去風土記曰國主坐衙欲見者列坐地上以候少頃內中隱隱有樂聲外吹螺迎之須臾二宮女捲簾國十仗劍立金窗中矣臣僚合掌叩頭螺聲方絕國主隨亦就坐坐處獅子皮一領乃傳國之寶言事畢國主轉身二宮女復垂簾國中有金塔金橋議歲時一會羅列玉猿孔雀白象犀牛於前名百嗒洲風土記曰用中國十月為正月名為佳得

官前縛大棚可容千人掛燈毬花果之屬封岸遠離二十丈地以木接續縛成高棚每夜設烟火爆杖請國主觀燈如是半月而後止四月拋毬九月壓獼壓獼者聚國衆皆來城中教閱宮外五月迎佛水聚遠近之佛皆送水與國主洗身陸地行舟國主登樓以觀七月燒稻苗新稻已熟迎於南門外燒之供佛婦女觀者無數主卿不出八月挨藍挨藍者舞也點差諺佚樂宮內挨藍且鬪豬鬪象如是一句所謂

富貴眞臘也生女九歲擇僧道去其童身名曰

陣毯　風土記曰官司每歲四月內擇日頒行一本條燭問刻畫一處點至刻畫處則爲陣毯時候矣先期父母擇一僧是夜大會親隣以綵帛結二亭子一坐女子一則僧坐其中至期與女俱入房手去其童納之酒中天明以鼓樂送僧去後當布帛與僧贖身否則女終爲僧有不得他

適婚娶男女兩家俱八日不出門晝夜燃燈相續人死輿置之野聽烏鳶食頃刻食盡者以為福報居喪但髡其髮女人於額上剪髮如錢大曰用此報親文字以麂鹿雜皮染黑隨其廣狹以意裁之用粉如白堊類槎為小條子拈於手中就皮畫以成字永不脫落作字皆從後書向前卻不自上書下也沃野彌望一歲可三四穫（風土記曰糞田種蔬皆不用穢嫌其不潔）其國謂儒為班詰僧為苧姑道為八思班詰不知所讀何書但由此入仕

則爲清貫徹時於打布之外項上挂白線一縷以此自別既貴曳白線如舊僧皆食肉亶不飲酒肉亦時以供佛王有大故輒僧爲司南今賈舶未有到王城者只到海閒一屬國耳故不覩其麗靡或云即蒲甘地按宋史蒲甘入貢朝議欲待以交阯之禮制詔書白背金花綾紙貯以閒金鍍管鑰用錦絹夾襆緘封以往乃本朝貢夷獨無蒲甘應是爲真臘所弁無疑矣

形勝名蹟

陸伽鉢婆山 隋書曰上有神祠以兵五千守衞之城東有神名婆多利祭用人肉王別殺人以夜祀禱亦守衞千人

伊奢那城 隋書曰伊奢那先代立居伊奢那成

婆羅提拔城按唐書是水真臘所居處

真蒲風土記曰真蒲以來率多平林叢林長江巨港綿亘數百里古樹脩藤森陰蒙翳禽獸聲雜遝其間至半港始見曠田絕無寸木彌望芃芃黍苗而已

竇木州以木為城是華人客寓處

竹坡風土記曰綿亘數百里其竹節相間生刺筍味苦四畔皆高山

佛村風土記曰自查南換小舟順水上餘日過半路村佛村

魯班墓風土記云在南門外周圍十里石屋數百間

銅臺宋史曰列銅塔二十四銅象八以鎮其上象重四千斤

內中金塔風土記曰國主夜卧其上塔中有九頭蛇精乃國之土地主也係女身每夜國主先與同寢雖其妻不敢入二鼓乃出方與妻妾同睡若此精一夜不見則王死期至矣王一夜不往必獲災禍

淡水洋風土記曰四月至九月每日午後下雨洋中水漲高七八丈巨樹盡沒僅留一杪耳人家濱水

者皆移入山後十月至三月點雨絕無洋僅通小舟深不過三五尺人家又復移下

物産

犀角 風土記曰白而帶花者爲上黑爲下

象牙 風土記曰以標殺之上也自死而隨時爲人所取者次之苑山中多年者爲下

鶴頂

翠羽 風土記曰叢中有池翡翠飛入求魚番人以樹葉蔽身坐水濱籠一雌誘之持小網伺其來則罾日獲三五隻

銅

金顏香 一統志曰香乃樹脂擘開雪白者爲作夾砂石爲下其氣能聚衆香番人以和香塗身

篤耨香 本草綱目曰出眞臘國樹如松形香老則溢出色白而透明者名白篤耨盛夏不融香氣清遠土人取後夏日以火炙樹令脂再溢至冬凝復收之雜以樹皮者名黑篤耨一統志曰盛之以瓢碎瓢爇之亦香名篤耨瓢

沉香 一統志曰出眞臘爲上占

城次之

速暫香 一統志曰出眞臘爲上伐樹去木取香者謂之生速什木腐而香存者謂之熟速其樹木半存者謂之暫香

降香 風土記曰叢林中頗費斫伐之勞此乃樹心其外白木厚八九寸

蠟 風土記曰出村落椊樹間一種細腰蜂番人取得之一船可收二三千塊大者三四十斤

藤黃 本草曰樹名海藤花有蘂散落石上彼人收之謂之沙黃就樹採者輕效

布 風土記曰土人不事蠶桑僅織木綿布亦不能紡以手理成條無機杼但一頭縛腰一頭搽上梭只用一竹管

獺皮 夷箷 明角 烏角 燕窩

胡椒 風土記曰纏藤而生纍纍如綠草子

紫梗 風土記曰生樹枝間如桑寄生狀頗難得

大風子 風土記曰大樹之子如椰子而圓中有數十枚

婆那娑樹 隋書眞臘傳曰葉似柹實似冬瓜

菴羅樹 隋書曰花葉似棗實

似李　毗野樹隋書曰花似木瓜葉似杏實似楮　婆田羅樹隋書曰花葉實並似棗而小異　歌畢佗樹隋書曰花似林檎葉似榆而厚大實似李其大如升　椰子　檳榔唐書曰客至削檳榔龍腦香以進　荳蔻一統志曰樹如絲瓜蔓衍山谷春花叐實　酒風土記曰酒有四等第一呼蜜糖酒用藥麴以蜜及水爲之次者呼朋牙四以樹葉爲之乃樹葉名也又次以米或剩飯爲之名包稜角包稜角者米也其下糖鑑酒糖爲之又人港濱水有茭漿酒接唐書眞臘飲酒者比於滏額後人亦漸頳酡鄉矣　麝香木一統志曰氣似騶瞒　蘇方木蘇恭曰樹似菴羅花黃子青熟黑其木人以染絳南方草木狀曰煎汁忌鐵器則色黯　犀　象宋史曰國戰象幾二十萬慶元二年貢馴象二　孔雀　鸚鵡　建同魚隋書曰四足無鱗其鼻如象吸水上噴高五六

十尺

浮胡魚隋書曰形似鯉觜如鸚鵡有八足

交易

船至篱木以柴為城酋長掌其鑰政果幣將之遂成賈而徵償夷性頗直以所鑄官錢售我我受其錢他日轉售其方物以歸市道甚平不犯司譏之禁間有鰻者則執送華人自為戎首也風土記曰國人交易皆婦人能之所以唐人到彼必先納一婦兼利其能買賣故也每日一墟自卯至午則罷無居舖但蓬席舖地間亦有司賃地錢土人見唐人頗加敬畏呼之為佛見則伏地頂禮近亦有欺負唐人由去人之多故也

大泥 吉蘭丹

大泥即古浡泥也本閣婆屬國今隸暹羅其國以板爲城宋史曰城中居者萬餘人所統十四州以銅鑄甲宋史曰戰鬬者將刀被甲甲以銅鑄狀若大筒穿之於身護其腹背其王所居屋覆貝多葉王服頗効中國在王左右者爲大人王坐繩床出即大布坐其上衆舁之名曰阮囊民居覆草椎髻以五綵帛繫腰花錦爲衫市用金錢國人宴會鳴鼓吹笛擊鈸歌舞爲樂愛敬華人見華人醉者扶之以歸婚聘之資先以椰子酒

檳榔次之指環又次之後量用金錢成禮喪制有棺以竹爲轝載棄山中二月始耕則祀之如是者七年不復祀矣原田豐利臘月七日爲歲節地熱多風雨盛食無器皿以竹編貝多葉貯之食畢輒棄捐古稱其鄉有藥樹取根煎爲膏服之及塗其體兵刃不能傷也宋太平興國二年其王向打遣使從商人蒲盧歇爲導入都朝貢其表以小囊緘封數重非中國紙類木皮而薄瑩滑色微綠長數尺闊寸餘橫卷之僅可盈

據其字細小橫讀之使至詔館於禮賓院優賜遣歸元豐五年王錫理麻喏復遣使貢方物乞從泉州乘海船歸國從之明興洪武四年王馬漠沙遣使進金表銀箋并貢方物續文獻通考曰遣御史張敬之往諭其國辛丑遣其臣朝貢詔賜金綺永樂三年遣使封其國主麻那惹加那乃為浡泥國王賜印誥符幣六年王率其妻子來朝遣使迎勞之王上金表獻珍物妃箋獻

中宫
東宫
上宴王奉天門是年王卒于都下
賜謚恭順葬石子岡在安德門外續文獻通考曰樹碑立祠
有司春秋致祭封其子遐旺爲王
賜玉帶金銀綺帛他物稱是禮送還國遐旺請
封其國後山賜名長壽鎮國
上自爲文俾勒于石十二年及洪熙元年皆來
朝貢萬曆間國王病卒無子族衆爭立國中相

誅殺俱盡乃立其女主爲王初漳人張某爲哪嘚哪嘚者大酋之號也國難既作哪嘚避禍出奔女主既立乃遣人迎哪嘚復其爵號其女出入宮中有心疾一日向女主言父欲反女主大恐密使人按哪嘚家哪嘚自殺已而國人訟哪嘚無反狀女主詳悔之絞殺其女官其子爲酋紅毛番近築土庫于中謀入彭湖互市者携大泥國文也事詳紅毛番考

吉蘭丹即渤泥之馬頭也風俗俱同渤泥嘉靖末海寇餘衆遯歸于此生聚至二千餘人行劫

海中商舶苦之或謂吉蘭丹即小葛蘭國按小葛蘭與柯枝接境而吉蘭丹在大泥相連去彼遠甚但大泥吉蘭丹俱鑄金爲錢而柯枝與小吉蘭亦俱用金錢以此相同影響之所自起也姑載之以破疑

形勝名蹟

長寧鎮國山永樂六年國王麻那惹加那乃上言蒙恩封王爵境上皆屬職方國有後山乞表爲一方之鎮王卒子遐旺復以爲請封爲長寧鎮國山御製碑文刻石其上

物産

金星槎勝覽曰大金錢名薰伽小金錢名吧喃　犀角　象牙宋史充貢　鶴頂見一統志本朝充貢　玳瑁見宋史宋及本朝俱充貢　翠羽　錫　檀

香宋史充貢降香本朝充貢本草曰似蘇方木紫而潤爲良片腦即龍腦香一統志曰樹如杉檜取者必齋沐而往其成片似梅花者爲上次有金脚腦速腦米腦蒼腦札聚腦又一種如油名腦油吉貝布宋史曰無絲蠶用吉貝花織成布明角獺皮錦魵皮燕窩西國米那名沙孤米其樹名沙孤身如蕉空心取其裏皮削之以水搗過舂以爲粉細者爲上米最精粗者民家食之以此代穀今賈船慮爲波濤所濕只撈其粉歸自和爲丸檳榔見一統志椰子見一統志蒟藤異物志曰蒟藤圍數寸重於竹可代篾以縛船勝竹也巴尾樹見一統志貝多樹加蒙樹一統志曰二樹心可爲酒犀象孔雀本朝充貢爾雅翼曰尾展開如車倫金翠煒然羽族最華輝者鸚鵡本朝充貢

交易

華人流寓甚多趾相踵也船至巖果幣如他國初亦設食待我後來此禮漸廢矣貨賣彼國不敢徵稅惟與紅毛售貨則湖絲百斤稅紅毛五斤華人銀錢三枚他稅稱是若華人買彼國貨下船則稅如故

舊港 舊港

舊港古三佛齊國也初名干陀利又名渤淋在東南海中本南蠻別種居眞臘爪哇之間王號

詹卑故今王所部號詹卑國而故都爲爪哇所破更名舊港以別於彼之新村云俗名吉寧邦其地故稱沃土諺云一年種穀三年生金言其米穀盛而多貿金也冬無霜雪累甓爲城民散居城外香油塗身覆屋多用椰葉市用錢布字訪梵書以國王指環爲印宋史曰亦有中國文字上章表時即用焉俗畏好淫水戰甚慣文獻通考曰習水陸戰臨陣敢死覇於他國其國多水而少陸部領乃聚峙築屋以居僮僕環之其餘民庶悉架室木筏上以木樁拴閙水長則筏

浮起不能沒也或將別居則起樁去之連屋移徙不勞財力島夷志謂好潔淨故於水上架屋與此不同其樂有小琴小鼓崐崘奴踏曲之類劉宋孝武世始貢中國南史于陁利傳曰王釋羅那鄰陁遣長史竺留陁獻金銀寶器梁天監元年其王夢中國有聖人如是者再因圖夢中所見遣使獻玉盤[illegible]容質果與梁帝合歲時望北頂禮南史曰王瞿曇脩跋陁羅以四月八日夢一僧謂曰中國今有聖主十年之後佛法大興君遣使貢奉禮敬則土地豐樂商旅百倍若不信我則境土不得自安初未之信既又夢此僧曰汝若不信我當與汝往觀乃於夢中至中國拜覲天子既覺心異之陁羅本工畫乃寫夢中

所見武帝容貌飾以丹青仍遣使并畫工奉表獻玉盤等物使人既至模寫帝形還國比本畫同則符焉十七年及普通元年凡再至後亦遂絕唐天祐初復通授其使都蕃長蒲訶栗寧遠將軍宋時貢使絡繹按宋史建隆元年王悉利胡大霞里檀遣使李遮帝朝貢二年夏又遣使蒲蔑貢方物是冬其王室利烏耶遣使茶野伽朝貢其後歲各一至太平興國五年王夏池遣使茶龍眉來是年潮州言三佛齊國蕃商李甫誨乘舶船載香藥犀角象牙至海口會風勢不便飄船六十日至潮州其香藥悉送廣州八年王遐至遣使蒲押拖羅來貢雍熙二年船主金花茶以方物來獻端拱元年遣使蒲押陁黎貢方物淳化三年廣州上言蒲押陁黎前年京廻聞本國為闍婆所侵住南海一年今春乘船至占城偶風信不利復還乞降詔諭本國

從之嘗建佛寺以祝聖壽願賜名及鍾詔以承天萬壽爲寺額鑄鍾給之時咸平六年也其後貢獻不絕每優賜遣歸元豐時使者入見以金銀花貯眞珠龍腦撒殿用昭殊敬宋史大中祥符元年王思離[illegible]囉皮遣使來貢許赴泰山陪位于朝覲壇天禧元年王霞遲蘇勿吒蒲迷遣使貢眞珠象牙梵夾經崑崙奴詔許謁會靈觀游太淸寺金明池及還賜詔慰獎之天聖六年王室離疊華遣使來貢舊制遠國使人賜以間金塗銀帶時特以渾金帶賜之熙寧十年使大首領地華伽囉來以爲保順慕化大將軍元豐中使至者再天子念其道里遼遠優賜遣歸二年賜錢六萬四千緡銀一萬五百兩官其使羣陁畢羅爲寧遠將軍陁旁亞里爲保順郎將畢羅乞買金帶白金

器物及僧紫衣師牒皆如所請給之三年廣州
南蕃綱首以其國王之女唐字書寄龍腦及布
與提舉市舶孫迥迥不敢受言於朝詔輸之官
市帛以報五年遣使皮襪來貢皮襪為懷遠將
軍六年又以其使薩打華
滿為將軍紹聖中再入貢紹興二十六年貢使
復至帝曰遠人向化嘉其誠耳非利方物也淳
熙五年詔免赴闕館於泉州洪武二年詔行人
趙述往使其國王恒麻沙那阿遣使隨述奉金
葉表來貢
賜曆及文幣六年復貢八年遣使從使者招諭
拂菻九年王遐王子麻那者巫里表請紹封

詔授駝紐鍍金銀印封三佛齊國王久之丞相
胡惟庸事發事連三佛齊懼而貢絕三十年
上念遠夷希至謂禮臣曰惟庸謀叛三佛齊乃
生間諜紿我使臣至爲爪哇聞知禮送還朝今
慶已悔禍朕欲許其自新暹羅在遠國中最稱
恭順而爪哇則三佛齊所悉索敝賦以從者也
可移檄暹羅達于爪哇俾戒諭三佛齊嘉與更
始禮臣如
旨以行永樂初年三佛齊竟爲爪哇所破廢爲

舊港是時南海豪民梁道明竄舊港衆推爲酋閩廣流移從者數千人

廷議遣行人譚勝受往招之道明隨勝受來歸廣東通志云譚勝受南海人鄉薦授臨桂丞以最召拜監察御史坐事降行人時閩廣流徒從梁道明者數千人指揮孫鉉使海南遇其子及二奴挾與俱來海上以勝受同鄉令偕其二奴齎勅往招道明遂從入朝賜道明襲衣鈔百五十錠文綺十二表裏絹七十二疋勝受奏事稱旨擢浙江按察使留副酋施進卿代領其衆五年中貴鄭和奉使西洋還過舊港遇流賊陳祖義祖義詐降潛謀要刼和料賊無歸順意整兵以待賊

倅至與戰大破之斬獲無算械祖義至京伏誅諸夷聞之震懾曰真天威也吾曹安意內嚮矣

是年施進卿遣婿朝貢

詔命進卿爲舊港宣慰使賜印誥冠服及文綺後進卿卒二十一年以子濟孫嗣印燬于火

詔給之

形勝名蹟

彭家山在港外　承天萬壽寺宋時賜額今廢

物產

珠 宋史曰以珠獻宰臣秦檜檜已死詔償直收之

金

銀 宋時入貢

珊瑚 宋時充貢

犀角 宋時入貢

象牙 宋時入貢

瑠璃 宋時入貢魏伸培鼠璞曰此自然之物彩澤光潤踰於衆玉其色不常今皆銷冶石汁以衆藥灰之非其物也

摩娑石 庚辛玉冊云陽石也出三佛齊海南有山五色擊取燒之作硫黃氣以形如黃龍齒而堅重者佳姚西溪叢話曰舶過山下愛其石以手捫之故名摩娑

水晶 宋時入貢

沉香 見宋史

安息香 一統志曰樹脂其形色類核桃瓤不宜於燒然能發衆香故人取以和香

龍腦香 宋時充貢使者來朝至以撒殿

乳香 一統志曰樹類榕以斧斫之脂溢于外凝結而成其品十有三有滴乳甁乳袋香黑搨纏末之別宋時入貢

降香

金銀香 華夷考曰其香如銀匠攪糖相似中有白蠟般白塊在內好者白多低者白少焚之香

美出舊港國

木香一統志曰樹類絲瓜冬取根曬乾

薔薇水一統志曰即薔薇花上露花與中國薔薇不同土人多取其花浸水爲露故多僞者以瑠璃瓶試之翻搖數四其包周上下者爲眞

蘇合油一統志曰濃而無澤者爲上

猛火油單夷考曰樹津也一名泥油大類樟腦第能腐人肌肉燃置水中光焰愈熾蠻夷以制火器其烽甚烈艦檣樓櫓連延不止魚鱉遇者無不燋爍

膃肭臍圖經曰舊說似狐而大長尾今滄州所圖乃魚類而豕首兩足其臍紅紫色上有紫班點欲驗其眞取置睡犬旁犬忽驚跳若狂

吉貝

椒國中最多他港取給焉

阿魏

蘆薈

沒藥

血碣一統志曰樹畧同沒藥採亦如之

烏楠木一統志曰畢馬令國出樹似櫻觸可爲器用

福桃北户錄曰古畢國出福核桃形如半月狀取食絕香美

沒石

子一統志曰樹如樟開花結實如中國芋栗萬歲棗見一統志火雞瀛涯勝覽曰三佛齊出火雞大如鶴身圓頸長頸有二紅軟冠狀如紅褐嘴尖毛如牟毛脚長其爪甚利好食熱炭因名火雞

交易

舶至獻果幣有成數詹卑人商量物價雖議償金多少然非償金實償椒也如值金三兩則償椒百石其大較云書買夷婦他國多載女子易其椒以歸舊港則用鉛錢矣三佛齊夙稱蕃盛國破以後漸覺故都滿目蕭條賈人亦希造續文

獻通考曰萬曆丁丑中國人見大盜林朝曦在三佛齊列肆爲番舶長如中國市舶官

論曰闍婆負臘故島外繁華地也東西之王水陸之國嚮化已非一朝渤泥三佛齊亦雄視諸部而或以守祧或以易姓華人適入司彼國鈞衡中佼佼輒復驅歛遠夷益以覘皇靈之無外矣

東西洋考卷之四

西洋列國考

麻六甲

麻六甲即滿刺加也古稱哥羅富沙漢時已通中國後頓遜起自扶南三千餘里皆屬之其東界通交州即哥羅富沙地也唐永徽中以五色鸚鵡來獻唐書曰哥羅一曰箇羅亦曰哥羅富沙羅王姓矢利波羅名米失鉢羅舊隸暹羅歲輸黃金爲賦蓋所部酋長尚未稱國云永樂三年酋西利八兒速刺遣使上表願

內附爲屬郡効職貢七年

上命中使鄭和封爲滿剌加國王賜銀印冠服

從此不復隸暹羅矣九年嗣王拜里迷蘇剌率

其妻子及陪臣五百四十人來朝命中貴海壽

禮部郎黄裳迎勞于郊

勑有司供帳飾館待之尋陛見貢方物

上御奉天門宴王

賜玉帶羽儀鞍馬金銀錢鈔錦綺王妃冠服其

下賞賚各有差居久之禮送還國廣東通志曰光祿日給牲

年賜王金繡龍衣一襲金銀器皿帷帳衾褥咸具賜妃八兒迭速里及子侄陪臣文綺紗羅襲衣有差就館復賜宴八月賜黃金相玉帶儀仗鞍馬并賜王妃冠服九月辭歸賜宴奉天門別宴王妃陪臣如初賜敕勞王副以金相玉帶一儀仗一副鞍馬二疋黃金百兩白金五百兩鈔四十萬貫錢二千六百貫錦羅六百疋絹千疋渾金文綺二金織通袖膝襴二妃以下各有差禮部餞于龍江驛復賜宴龍潭十年遣使入貢十二年王母來朝賜如王妃十七年王亦思罕答兒沙嗣更率妻子來朝言爲暹羅所侵惟

陛下卹之

上爲降詔暹羅國王無開兵隙暹羅旋遣使來

謝侵伐之罪滿剌加所得保境息肩者皆中國賜也二十二年王西里麻哈剌來朝宣德九年王復至後先賜予甚厚其後貢使不絕天順三年王无荅佛哪沙卒子蘇丹芒速沙請封遣使冊立爲王成化末給事中林榮行人黃乾亨奉使溺海死以故罷遣云王以帛纏首衣青花袍躡皮履乘轎俗敦朴尚回回教居處如暹羅婚喪大類爪哇唐書曰嫁娶檳榔爲禮多至二百盤婦已嫁從夫姓死者焚之取燼貯金罌沉之海民用陶錫網魚爲業屋如樓閣然不更

鋪板，但疊木高低層布，連榻跣坐，飲食廚廁皆在其間。男女椎髻，唐書曰：非有官不束髮。肌膚黑漆，間有白者，華人也。後佛郎機破滿剌加，入據其國，而故王之社遂墟。臣隸俛首，無從報仇，久乃漸奉爲真主矣。古稱旁海人畏龜龍，龜龍高四尺，四足，身負鱗甲，露長牙，遇人則嚙，無不立死。山有黑虎，虎差小，或變人形，白晝入市，覺者擒殺之。今合佛郎機足稱三害云。

形勝名蹟

鎮國山永樂中詔封其國之西山爲鎮國山御製碑文賜之勒石其上　五嶼未稱國時嘗鎮于此　龍雅山在滿剌加港外其山甚高

物產

猫精石華夷考曰中含活光一縷　珠一統志滿剌加出石榴子珠　犀角本朝充貢　象牙本朝充貢　玳瑁本朝充貢　翠羽　靉靆俗名眼鏡華夷考曰大如錢質薄而透明如玻璃色如雲母每目力昏倦不辨細書以此掩目精神不散筆畫倍明出滿剌國○靉靆乃輕雲貌如輕雲之籠日月不掩其明也若作曖靆亦可　斗錫星槎勝覽曰內有山泉流爲溪於溪中陶沙取錫煎成塊曰斗錫每塊重一斤四兩本朝充貢　乳香本朝充貢　片腦本朝充貢　蘇合油　蕉心簟見星槎勝覽按華夷

考稱滿剌加取茭蔁葉織成細簟濶二尺長丈餘即此類也　明角　烏角　[illegible]　做打麻方輿勝覽曰樹脂結成者夜照有光塗舟水不能入華夷考曰樹枝流落膠汁土內掘出如松瀝青內有明淨好者都似金珀一般出滿剌加國　硫黃見一統志　沒藥　夷雞　燕窩　檳榔　椰子　沙孤米華夷考曰出野有樹名沙孤樹將樹皮如中國葛根搗浸澄濾取粉作丸晒乾賣之出滿剌加　茭蔁酒華夷考曰茭蔁葉似苦笋殼厚性柔軟結子如荔枝樣雞彈大取其子釀酒飲亦醉人出滿剌加　犀　象　黑熊本朝充貢　火雞華夷考曰出滿剌加大如鶴多紫赤色能食火吐氣亦煙發也子如鵝胎殼厚踰重錢或班或白島夷採爲飲盞見者珍之　鸚鵡唐時來獻

交易

本夷市道稍平既爲佛郎機所據殘破之後售貨漸少而佛郎機與華人酬酢屢肆輈張故賈舶希往者直詣蘇門答剌必道經彼國佛郎機見華人不肯駐輙迎擊于海門掠其貨以歸數年以來波路斷絶然彼與澚夷同種片帆指香山便與粵人爲市亦不甚藉商船彼間也

啞齊

啞齊即蘇門答剌國一名蘇文達那西洋之要

會也王裳束類滿剌加官屬畢具宮有內閣百餘蓋他國所無云相傳風俗頗淳語言和媚惟酋長好殺殺人輒取血浴身島夷志曰酋長人物脩長一日之間必三變色或黑或赤每歲殺十餘人取自然血浴之則四時不生疾疹故民畏服焉田磽少執業營貨舶還往財物充牣雅稱富饒貧民捕魚爲生活朝駕獨木舟張帆破浪抵暮卻回國徵其賦以爲常其先爲大食國蓋波斯西境也隋大業中有牧者探穴得文石詭言應瑞當王聚衆剽畧遂王其地舊唐書云胡人牧駝忽有獅子人語曰此山有三穴

穴中大有兵器并有黑石白文讀之便作王胡人依言果得穴中石及刃甚多欵其反叛於是糾合亡命剽奪商旅其衆遂盛自立爲王波斯拂菻各遣兵討之皆爲所敗於是遂强并諸國勝兵得四十萬唐永徽以來屢使朝貢唐書曰永徽二年朝貢自言有國三十四年傳二世開元初復遣使獻馬鈿帶謁見不拜有司將劾之張說謂殊俗慕義不可寘于理玄宗赦之使者復辭曰國人只拜天見王無拜也有司切責乃拜十四年遣使獻方物拜果毅賜緋袍其先爲白衣大食至河蒲羅拔以來爲黑衣大食唐書曰白衣大食有二種一盆尼末換二奚深末換殺兄自王下怨其恐將討之徇衆曰助我者皆黑衣俄衆數萬即殺末換求奚深孫阿蒲羅拔爲王號黑衣大食至德初代宗用其衆平西都貞元中使者三人

來朝悉拜中郎將資遣之宋乾德四年遣僧西域因賜王書招懷自是貢船歲通按宋史開寶元年遣使朝貢四年復貢以其使爲懷化將軍用金花五色綾紙寫官誥以賜繼此連貢不絕淳化四年舶長李亞勿來朝舶主蒲希密附方物來獻咸平六年貢使摩尼對崇政殿持眞珠以獻云離國日誠願得瞻威顏乞不給回賜上不欲違其意俟其還厚加優賚景德元年使來值上元觀燈賜錢縱其宴飲四年使又至許遍詣苑囿寺觀遊覽泰岱汾陰並許陪祀宋史車駕東封舶主陁婆離願執方物赴泰山從之又祀汾陰詔令貢使陪祀大中祥符五年大食國老人無西忽盧華年百三十歲耳重輪體貌甚偉自言遠慕皇化附船來王詔

賜袍帶束帛建炎後以國費匱乏之閉關謝貢大
食竟脩貢如故事則懷德者遠也外史臣曰茶馬政
帝謂侍
廢武備不脩致金人亂華今復捐數十萬緡易
無用之珠玉曷若惜財以養戰士詔張浚却之
優賜以答遠人之意
遠人懷之貢賦不絕入明始稱蘇門荅剌洪武
初國王奉金葉表貢馬及方物永樂三年王鎖
丹罕難阿必鎮遣使入貢
詔封爲蘇門荅剌國王
賜印誥金幣五年再使來貢已而王與花面王
戰中流矢死子弱不任嘗膽其妃欲泣令于國

曰能復讐者我與爲夫共國國事有漁翁聞之率衆殺花面王妃遂從漁翁吾學編曰永樂七年來貢厚賜之十年遣使至其國久之故王假子率所部殺漁翁王王子蘇幹剌以衆奔峭山十二年中貴人鄭和擒假王俘至京伏法漁翁王子感激

聖天子威靈條進方物甚夥宣德中貢使頻至十年封其王子嗣王世世朝貢不絕數傳後凡再易姓而爲今王今王者人奴也先是其主爲大將使奴牧象而象肥主以爲能呼語之曰而

牧參良苦其爲我監捕魚稅坐而受值奴前謝從此往稅捕魚得大魚輒遺其主自取小者主後聞之曰奴忘其食指而奉我耶命侍左右出則捧檳榔盤後隨一日王召諸大會議事奴從主仗劍入王居廷會尊嚴若神而主跼蹐惟謹奴出謂主曰主自視雖貴孰與王主笑曰臣何敢與王齒奴曰主第不欲王耳是可取而代也主驚顧無妄言將赤吾族奴因間進曰吾主行擁重兵出鎮海隅詰日入辭奴從而後主誠乘間

請屏左右以畢所私王必不疑五步之內奴抽刃刺王灑王頸血爲主盥手主兵柄在握誰敢不服咄嗟而事可定矣主詰朝果入辭如奴約白王曰臣遠離宮殿情懷戀戀願有所私布請屏左右王叱左右出奴突引王裾前刺王披其主上殿號殿下曰王爲不道吾殺之吾爲君主時所擁兵悉集殿外諸會股慄無敢閧者因誅其偶語者若干人餘悉拜官有差主既爲王命奴代爲大將隷以所部居亡何奴弒王自立是

爲今王於是大爲防衛于國拓其宮規制宏壯宮凡六門門不得闌出入雖勳貴不得帶劍上殿王出乘象象列綺架亭而帷其外又列象百餘披結俱如王所乘象望者不知王在何許鹵簿傳呼甚盛犯者無赦法制嚴於他國矣

形勝名蹟

俱紛摩地那山大食王收處得黒石白文于此舊唐書曰在國西南鄰於大海

高勝榭山淵中出油王出征戰取油燭水上燃之能飛渡作火攻人死以油塗之能堅其戸千年不壞

椰嶼在港口與上有三寶廟

恒河水舊唐書曰大食王料

令亡命渡恒爲水刦奪商旅

惡水灣

龍涎嶼

星槎勝覽曰蘇門荅剌西去一晝夜浮灔水面波激雲騰毎春羣龍來集於上交戲而遺涎沫番人駕獨木舟登嶼採取而歸或風波則人俱于海一手附舟旁一手揖水而得至岸

翠藍嶼

星槎勝覽曰在龍涎嶼之西北大小七門門中皆可過船傳聞釋迦經此山浴水被竊袈裟佛云後穿衣者必爛皮肉由此男女今皆無衣止樹葉紉結而遮前後

物產

寶石

本草綱目曰山海經謂之采石碧者唐人謂之瑟瑟紅者宋人謂之靺鞨今通呼爲寶石大者如指頭小者如豆粒皆礙成珠狀

瑪瑙

格古論曰非玉非石堅而且脆中有人物鳥獸形者最貴○負暄錄曰瑪瑙產有琥南北南瑪瑙產大食色正紅無瑕可作杯斝

珀宋時充貢 玳瑁 犀角 象牙埤雅曰象牙生花必因雷聲故古以爲器 鶴頂 琉璃宋時以瓶及甕盛物來獻 照身鏡梁四公子記云扶南貢碧頗黎鏡廣一尺半重四十斤內外皎潔向明視之不見其質蔡絛云御庫有玻黎毋乃大食所貢 靉靆 龍涎香遊宦記聞云龍涎香最貴重出大食國海旁常有雲氣出出間土人即知龍睡其下更相守之俟雲散知龍已去往求必得龍涎入香能收歛腦麝清氣雖數十年香味仍在得其真和香焚之翠煙裊空結而不散或言涎有三品一曰汎水一曰滲沙一曰魚食汎水則輕浮水面善水者伺龍出隨取之滲沙則凝積多年滲人沙中魚食則化糞散於沙磧又魚食亦有二種海旁有花若木芙蓉花落海大魚吞之腹中先食龍涎花爇入久即脹悶昂頭向石上吐沫乾枯可用惟糞者不佳若散碎皆取自沙滲力薄欲辨

眞僞投没水中須臾突起直浮水面或取一錢口含之微有腥氣經一宿細沫已蘸餘結膠舌上取出就溥秤之亦重一錢將溥者又乾之其重如故雖極乾枯用銀簪燒熱鑽入枯中抽簪出其涎引絲不絶驗此不分褐白褐黑皆眞○星槎勝覽曰初若脂膠黑黄色頗有腥氣焚之清香可愛

片腦 宋時獻

安息

木香 本朝充貢

乳香 宋時獻

丁香 本朝充貢

薔薇水 宋時獻

蘇合油

天鵞絨 本草綱目謂鵠爲天鵞云皮毛可爲服飾謂之天鵞絨華夷考曰海東青小而健能擒天鵞即此也華人以絨織之沿爲僞物

瑣服 一統志名瑣服曰又名梭服以鳥毳爲之紋如紈綺

兜羅綿 亦毛毳織成長者每疋至六七丈今人呼爲哆囉嗹

駝毛縟面 埤雅曰駝肝腹不軲地屈足漏明則行千里今其毛縟溫厚煖於狨狨極堪禦寒過夏退毛至盡乃能避熱故古者

冬取皮於狐類而裘成夏取毛於駝類而褐成宋時來獻花錦宋時獻西洋布
一統志名闘布華夷考曰西洋布幅廣至四五尺精者價乃勝緞錫本朝充貢賓鐵
宋時獻蠟臘肭臍即唐書所謂骨肭獸俗名海狗腎燕窩胡
椒星槎勝覽曰蔓附樹枝結椒纍垂如栟櫚子但粒小耳本朝充貢石蜜唐書大食
傳曰刻石蜜廬如攀狀沒藥孩兒茶即烏爹泥本草一名烏疊泥或作烏
丁皆夷語無正字血竭千年棗宋時獻大茄一統志曰樹高丈餘
經三四年不痿子大如西瓜重十餘斤以梯摘之無名異本草集解曰出大食國生
石上狀如黑石灰番人以油鍊如鷖石嚼之如餳瓜星槎勝覽曰皮若荔枝未剖臭如爛
蒜剖開如囊蜜味奶酥油香甜可口犀宋太宗問蒲押陁犀象何法可取劉云犀使人升大

擕弓矢伺至射殺之小者不用弓矢可捕獲本朝充貢

象蒲押陀曰象用象媒誘至漸以大繩繫之

駿馬唐書曰有千里馬號爲龍種

鸚鵡

交易

舶到有把水瞭望報王王遣象來接舶主隨之入見進果幣于王王爲設食留貿易輸稅虎稱公平星槎勝覽曰胡椒番秤一播抵我官秤三百二十斤價銀錢二十箇重銀六兩金抵納即金錢也每二十箇重金五兩二錢○龍涎與香一兩用金錢十二一斤該金錢一百九十二箇准中國銅錢九千價亦非輕此國遼遠至者得利倍于他國蓋家疇稱本肆多金銀綾錦工匠技術咸精其能

至今富饒猶昔也

彭亨

彭亨者東南島中之國也星槎勝覽名彭坑續文獻通考曰暹羅迤西國並山山旁多平原草樹繁茂然鳥獸希少沃土宜穀蔬果亦饒其城以木圍之方廣可數里誅茆覆屋男女椎髻衣長布衫繫單衣富者頭著金圈數枚貧人則五色燒珠爲圈束之煮海爲鹽釀椰漿爲酒古稱上下親狎民無寇盜好佛誦經而久乃寖漓也俗漸好恠刻香木爲

人像飲生人血以祭云用此祈禳洪武十一年遣使奉金葉表朝貢永樂十二年遣蘇麻固門的里來朝并貢方物其後二百數十年而有柔佛之事先是婆羅王子者彭亨王妹之壻也贅于彭亨柔佛之副王精悍好鬬其子娶彭亨王女將婚副王送子之彭亨彭亨王宴柔佛副王戚屬俱會酒半婆羅王子舉觴爲壽手指一巨珠光耀倍常副王心欲之曰王子以是珠見餉者不惜重貲爲報王子固靳之副王恚甚歸而

起兵攻彭亨矣二國初爲婚媾賊出意外彭亨人人惴恐不戰自散王與婆羅王子奔金山彭亨王妃者浡泥王之妹也率衆來援副王焚掠其城郭宮室以歸是時彭亨國中鬼哭三日浡泥王迎其妹還浡泥彭亨王隨之而命其長子攝國久之王歸彭亨其次子驍而多智遂毒殺父誅兄自立至今尚爲王每爲毛思賊逋逃主賞所掠人遠近苦之毛思賊者婆羅屬夷也劫掠海上生人至彭亨賣之代作崑崙奴不如指者則殺以供祭每人得直三金

形勝名蹟

石崖 一統志曰其國石崖周匝崎嶇如柵寨 **金山** 其上出金有大酋守之日遣百餘人採取月進王二十金 **地盤山** 織嘉文席處 **狼窴**

物產

沙金 即金山所採者排沙揀金金未存鎔雖黃光閃鑠視亦復類沙既煎乃始成塊 **犀角** **象牙** **鶴頂** **玳瑁** **花錫** 見一統志 **沉香** 見一統志 **速香** 本朝充貢 **降香** **片腦** 是狼窴所出者本朝充貢 **嘉文席** 嘉文草蔓生有春用刀刺春踢去之織以為席溫柔妍雅帖人肌夏微涼而冬微溫故價直逾倍其製狹而長蓋夷中一席只卧一人故狹等身之外捲以作枕故長 **燕窩** **胡**

椒本朝充貢西國米柳子見一統志檳榔蓽吉柿蒳藤蔓抽被地無枝葉有皮纍其外如竹皮剝之則落藤長數丈不慮剪伐可繚繞數圍狼寶出者爲多犀象

交易

舟抵海岸國有常獻國王爲築鋪舍數間商人隨意廣狹輸其稅而托宿焉即就鋪中以與國人爲市鋪去舟亦不甚遠舶上夜司更在鋪中卧者音響輙相聞

柔佛

柔佛一名烏丁礁林男子削髮徒跣圍幔佩刀婦人蓄髮椎結王服與下無別第帶雙刀耳曾見王棄刀于地和南而立各有尊卑位次字用茭蔁以刀刺之又置烏簿書誥大及秘密事情外以繩縛之塗泥封固印識其上宮室覆茅揷木爲城其外有池環之港外多列沙垓猶中華砦户無事以船載貨國外有警或出征戰則募召爲兵稱强國焉婚姻王與鄰國王家自相配偶餘人締結亦論門閥相宜王用金銀器盛食民家

磁器都無匕筯以手拈之而已持齋見星方食節序以四月爲歲首居喪婦人方加剃男子則再削髪逝者火塟也其俗好鬬屢開疆隙彭亨丁機宜之間迄無寧日先年有大庫吉寧仁忠於王王大信用二王以兄踈已謀殺吉寧仁其後二王出騎馬墮地死從者皆見吉寧仁爲祟至今人家祀之競傳靈應蓋夷俗尚鬼其固然矣

形勝名蹟

東西竺星槎勝覽曰山與龍牙門相望海洋中山形分對若蓬萊方丈之間

物產

犀角　象牙　玳瑁　錫　片腦　腦　嘉文席是東西竺所織者星槎勝覽曰地出蕉心簟想嘉文席之所自始也　木綿布見星槎勝覽　椒　燕窩　西國米　血竭　沒藥　檳榔見星槎勝覽　海菜　蓽吉柿

交易

柔佛地不產穀土人時駕小舟載方物走他國易米星槎勝覽曰田瘠不宜稼穡歲藉諸邦淡洋米以食道逢賈船因就

他處爲市亦有要之入彼國者我舟至止都有常輸貿易只在舟中無復鋪舍

丁機宜

丁機宜爪哇屬國也幅員最狹會衆僅千餘柔佛黠而雄丁機宜境相接也柔佛狡焉有啓疆之思動爲國患悉索敝賦無寧日近始求通姻好然實恐無親善事之猶恐其不得當也其國以木爲城王居旁列鐘鼓樓出入騎象以十月爲歲首性好潔食啖所須手自操割民俗都類

爪哇大率爪哇一帶酒稅甚廣而酒禁乃甚嚴民間攜酒具取水釀酒國有常賦然上族之家輙不復御酒惟細民無賴者時時闌入醉鄉則曹偶笑之上族客至以扶留藤檳榔代茗若開宴則人具一大盤盤有延置地上雜貯肴核每進一物客甫嘗畢則客之從人徑從後取食之曰不敢嚼殘溷主翁也婚者男往女家爲持門户故生女勝男喪用火葬

形勝名蹟

獨石門　鐵釘嶼以形尖故名其外水流甚急　鱷魚嶼亦以其形似鱷也其水晝則南流夜則北流

物產

犀角　象牙　黃臘　嘉文席　西國米　血竭　沒藥　檳榔　海菜

交易

夷亦只就舟中與我人爲市大率多類柔佛而俗較馴而貨較平自爲柔佛所侵彼國有風聲鶴淚之虞而舶人亦抱林木池魚之慼此揚帆

者所以掉臂希顧也

思吉港

思吉港者蘇吉丹之訛也爲爪哇屬國其中凡數聚落而吉力石其主也吉力石有王百餘歲能知吉凶國在山中賈舶僅經過其水濁而未嘗泊舩彼民出詣饒洞與華人貿易華人所泊者饒洞也饒洞原野平衍以石爲城其酋出入乘車以金飾亭御四馬或八馬亦御黃犢前導百餘鹵簿皆備諸夷見王輙避匿不敢出獨

丈人合掌伏道旁其餘風俗多類下港云其輿國爲思魯厎爲猪蠻猪蠻多盗故華人輒不肯駐猪蠻有丈子名北極十餘歲時軀重數百斤爲盗所刼負之不能起今爲哪嗜僥洞之後爲金鞍山脩竹成林茉莉自花不假培植人皆赤身只一紙蔽其下體種豆供餐疆者善射逐獐鹿猿猱火焙而食饑噉其肉渇飲其血佐以樹酒足跡未嘗下山

形勝名蹟

保老岸山一統志曰在蘇吉丹國元番舶來到已見此山頂聳五峰時有雲覆其上舶人呼為巴哪大山吉里悶山與保老岸山相對西面拖尾甚長椒山在猪蠻國牛郎山　義里山　白嶼即饒洞港口望加黎洲饒洞國外十餘里杜板村即吉力石之港外是元史所云杜並足也塔寺寺外有塔故名八節澗元史曰澗上接杜馬班王府下通莆奔大海乃爪哇咽喉必爭之地史弼高興會兵其處聖水在杜板村星槎勝覽曰海灘有水一泓甘淡可飲稱為聖水元將史弼高興征其國舟中乏水糧盡二將祝天以繒摶海中泉隨繒湧起汲而飲之軍威大振

物產

金　銀　珠　犀角　象牙　玳瑁　沉香

檀香 降香 錫 銅鼓 龜筒 束藤 蠟

椒 檳榔 椰子 血竭 豆蔻 蓽撥 蘇

木 犀 象 孔雀 火雞 鸚鵡 頻伽鳥

倒掛鳥

交易

吉力石主爪哇而臣饒洞蘇魯馬諸國他國貨

華下港者彼中亦時相通我舟到時諸屬國鱗

次饒洞以與華人貿易雖在遐邈亦蕃盛之鄉

也向就水中為市比來販者漸夥乃漸築舖舍

文郎馬神

文郎馬神國以木爲城城只一半餘半皆山也按水經註稱文狼人野居無室宅依樹止宿食生肉採香爲業與人交市若上皇之民又馬文淵遺兵十餘家住西屠國不返土人以其流寓號曰馬流世稱漢子孫今之文郎馬神疑卽其後而播遷茲土云王宮繡女數百人王出乘象或泛舟以繡女自隨或與衣或持劍或捧檳榔盤王登舟趺坐榻上繡女坐地下與王相向或用女人刺舟威儀甚盛民居多縛木水上築屋以居如三佛齊男人用五色布纏頭腹背多裸或着小

袖衣蒙頭而入下體以縵圖之初盛食以蕉葉爲盤及通中國乃漸用磁器又好市華人磁罋畫龍其外人死貯罋中以葬其俗不淫姦者論死華人與夷女通輒削其髮以女妻之不聽歸也女人蓄髮髮苦短見華人髮許長必慕之問何以致此或詒之曰我生長中華用華水沐之耳夷女競市船中水欲以沐髮華人故靳之以爲笑端焉女人慕悅華人輒持香蕉甘蔗及茉莉花相贈不妨往復嘲謔第國禁甚嚴無敢私通者入山深處有村名烏籠里彈其人盡生

尾見人輒掩面廬濉欲走然地饒沙金夷人携貨往市之擊小銅鼓爲號貨列地中主者退丈許深山人乃前視貨當意者置金于貨之側主者遙語欲售則持貨去不售則懷其金蹣跚歸矣隣境又有買哇柔每夜半盜斬人頭以金裝之故夜必嚴更以待

形勝名蹟

金山 郎烏籠里彈深處幽澗迴流驅舟良苦兩崕繁陰本多拱抱每夕景曉雲禽聲四合幾斷人腸華商郎乘輿以行未有不中道返者也

冊戒世力山 末那

突大山　班節系禮山　加會嶼

物產

沙金是金山出者夷人持貨往易每壓往賓歸　鶴頂文郎出者最多　降香

蠟　藤席紅白色間雜而成　蒳藤文郎亦獨盛他國　蓽撥　獐皮　血竭　肉豆蔻　犀　孔雀　鸚鵡

交易

故王有賢德始開港時待賈舶大有恩信王子三十一人俱不令外出恐擾遠人也其妃爲買哇柔國主之妹故王既殂嫡子嗣立買哇柔人

導之爲欺詐買貨輙緩償直至解維每多負逋
商人從此希造矣其地女人悉蕩小舟以飲食
來市至售貨物則男人司之市用鉛錢

遲悶

遲悶者吉里地悶之訛也其國居重迦羅之東
田肥穀盛沿山皆旃檀至伐以爲薪其氣蒸人
鮮不病者地又苦熱旁午必俛首向水而坐差
可辟瘴男女斷髮短衫夜卧不蓋體俗亦跣立
爲會夷人見王則坐地合掌無姓氏不知年歲

亦無文字紀事以石片子爲記如千石則總于繩上一結亦有會長互訟則兩造各牽牛入曲者没其牛直者仍帶牛以出結繩束矢之風其猶存于絕島乎

形勝名蹟

犀頭山 項有巨石石有竅王歲時祀之有巨虵由竅中出食所祭都盡石項人未敢躡

物産

檀香 獨盛他國 蓽撥 荳蔻

交易

市去城稍遠每賈舶至王自出城外綰之妻子及姬侍皆從防衛甚盛日有輸稅然稅鄉不多夷人砍伐檀香樹絡繹而至與商貿易倘王歸則貿易者不得自來慮有紛紜也須請王更出乃至星槎勝覽曰商舶到彼皆婦女到船交易與所傳微異豈習俗至今稍革耶

論曰滿剌加奕世朝天用深帝眷答剌彭亨供茲包茅均彼楛矢其他諸國前籍之所未名雖重譯尚賒而占雲屢出永麗主客獲涤禁嚮夫固羲御之末光谷王之餘潤

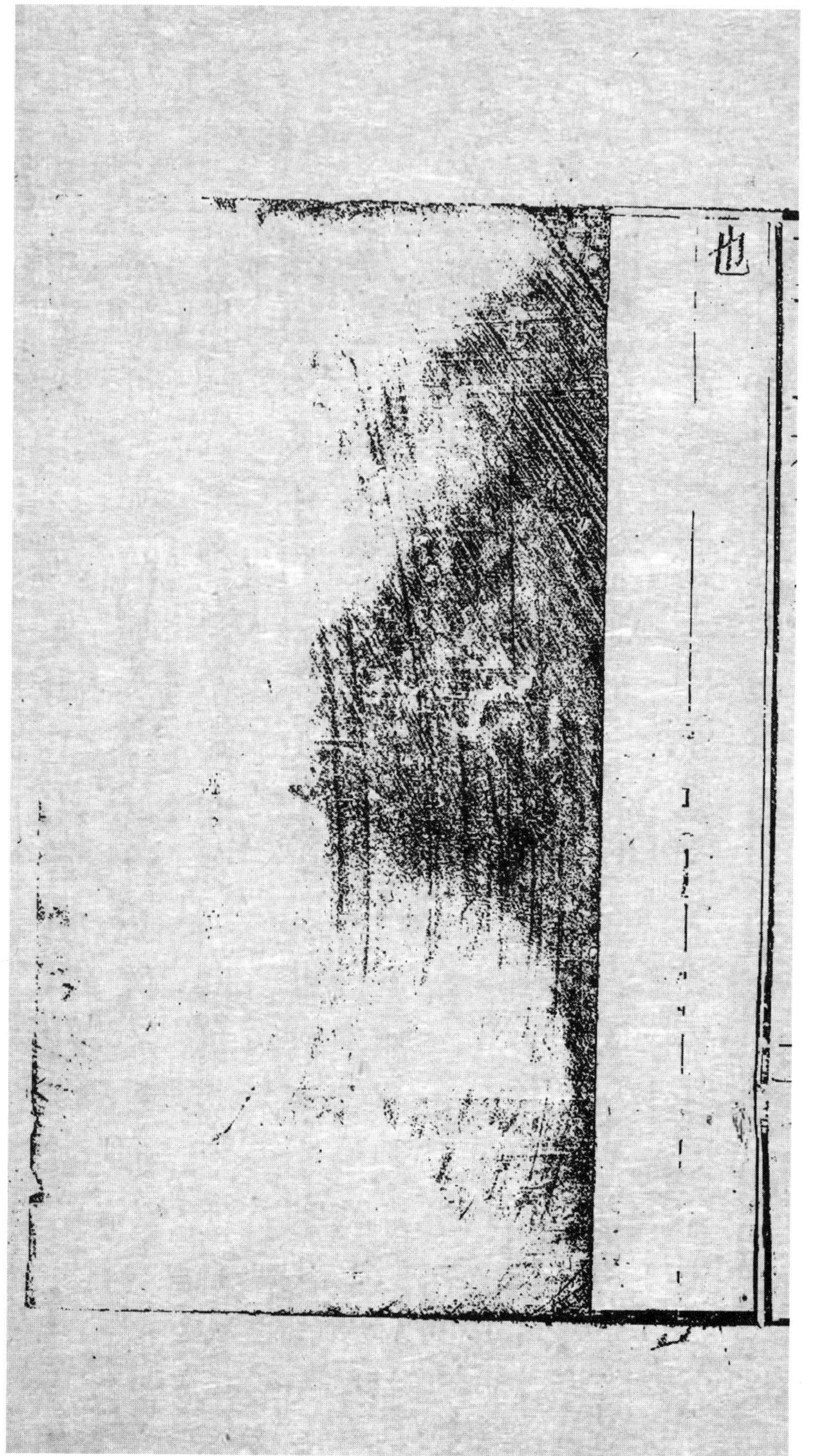

也